De seguidor a emprendedor:
Como monetizar redes sociales.

Liam Alvarez

ISBN: 9798859611508
Sello: Independently published

"El éxito no es para los que nunca fallan, sino para los que nunca se detienen." - Zig Ziglar

ÍNDICE

INTRODUCCIÓN

¿Te has imaginado alguna vez convirtiendo tus redes sociales en una fuente de ingresos constante y significativa? ¿Has sentido la emoción de compartir tu pasión y, al mismo tiempo, generar ganancias? Si la respuesta es sí, estás a punto de embarcarte en un viaje emocionante y desafiante: el camino hacia la monetización exitosa de tus redes sociales.

En el mundo actual, donde la conectividad digital y las plataformas en línea han transformado la forma en que nos comunicamos, interactuamos y compartimos contenido, la monetización de las redes sociales se ha convertido en una oportunidad única y accesible para personas de todos los ámbitos. Sin embargo, este viaje no está exento de desafíos. Cada paso hacia la monetización está acompañado de obstáculos que requieren resiliencia, estrategia y determinación.

Este libro está diseñado para guiarte a lo largo de este viaje. No importa si eres un principiante que está explorando las posibilidades o un creador experimentado que busca optimizar sus resultados; aquí encontrarás las herramientas, estrategias y conocimientos necesarios para superar los desafíos y alcanzar tus metas de monetización.

En los próximos capítulos, exploraremos las diversas etapas del proceso de monetización de las redes sociales. Desde la construcción de una base sólida y la identificación de oportunidades, hasta la negociación de colaboraciones exitosas y la adaptación a las cambiantes preferencias de la audiencia, abordaremos cada aspecto crucial de este emocionante camino. Además, te proporcionaremos estrategias concretas para mantener tu autenticidad y credibilidad, administrar los desafíos financieros y sortear obstáculos emocionales que puedan surgir en el camino.

La monetización exitosa de las redes sociales no se trata solo de generar ingresos, sino también de crear un impacto duradero y valioso en tu audiencia y comunidad. A través de reflexiones, ejemplos de la vida real y consejos prácticos, aprenderás a navegar por los altibajos de esta travesía y convertirlos en oportunidades de crecimiento y aprendizaje.

Recuerda que no estás solo en este viaje. A medida que enfrentes desafíos y celebres logros, estarás conectado con una comunidad de creadores apasionados que comparten tus objetivos. Juntos, podemos superar los obstáculos y convertir nuestras pasiones en fuentes de ingresos significativos.

Así que, sin más preámbulos, ¡comencemos esta emocionante travesía hacia la monetización exitosa de tus redes sociales! Aprovecha al máximo cada capítulo, absorbe los conocimientos y, sobre todo, mantén la mente abierta a nuevas ideas y posibilidades. El éxito en la monetización está a tu alcance, y este libro te guiará a cada paso del camino.

1. PREPARÁNDOTE PARA EL VIAJE

En el mundo digital actual, la monetización de las redes sociales ha emergido como una oportunidad emocionante y viable para transformar tu presencia en línea en una fuente de ingresos significativa. Sin embargo, antes de lanzarte de lleno en esta emocionante travesía, es fundamental comprender que la monetización exitosa va más allá de publicar contenido y ganar dinero. La preparación adecuada y una mentalidad sólida son esenciales para superar los desafíos y aprovechar al máximo las oportunidades.

Identificando tus Motivaciones y Estableciendo Metas Claras

Cada viaje comienza con un propósito, y tu camino hacia la monetización en redes sociales no es una excepción. Antes de adentrarte en este emocionante territorio, tómate un momento para reflexionar sobre tus motivaciones más profundas. ¿Por qué deseas monetizar tus plataformas en línea? ¿Buscas la independencia financiera, la posibilidad de convertir tu pasión en tu profesión o la oportunidad de impactar positivamente a tu audiencia? Identificar tus motivaciones te proporcionará un punto de partida claro y te recordará constantemente el "por qué" detrás de tus esfuerzos.

Una vez que hayas identificado tus motivaciones, es esencial establecer metas claras y alcanzables para tu viaje de monetización. Las metas actúan como faros que iluminan tu camino, brindándote dirección y enfoque a medida que avanzas. Estas metas pueden ser objetivos financieros concretos, hitos en el crecimiento de tu audiencia o cualquier otro indicador medible de éxito. Estas metas te servirán como un marco para evaluar tu progreso y celebrar tus logros a medida que avanzas hacia la monetización exitosa.

Establecer metas claras y alcanzables es esencial para guiar tus esfuerzos y medir tu progreso a lo largo de tu viaje de monetización. Aquí te proporcionamos una guía detallada sobre cómo establecer objetivos realistas en el proceso de monetización de tus redes sociales:

1. Reflexiona sobre tus motivaciones: Antes de establecer objetivos, es fundamental comprender por qué deseas monetizar tus redes sociales. ¿Estás buscando ingresos suplementarios, convertirte en un influyente en tu nicho o construir una carrera a tiempo completo en línea? Comprender tus motivaciones te ayudará a definir metas que estén alineadas con tus deseos y aspiraciones.

2. Sé específico y medible: Los objetivos vagos o abstractos son difíciles de seguir y evaluar. En lugar de simplemente decir "quiero ganar dinero", sé específico sobre la cantidad que deseas ganar y el plazo en el que deseas lograrlo. Por ejemplo, "quiero generar $500 al mes a través de colaboraciones y ventas de productos en los próximos seis meses".

3. Divide tus objetivos en etapas: La monetización exitosa no suele ocurrir de la noche a la mañana. Divide tus objetivos en etapas alcanzables a corto, mediano y largo plazo. Esto te permitirá medir el progreso de manera constante y celebrar logros a lo largo de tu viaje.

4. Considera factores externos: Reconoce que existen factores fuera de tu control que pueden afectar tus objetivos, como cambios en algoritmos de redes sociales o tendencias del mercado. Asegúrate de que tus objetivos sean flexibles y adaptables a cambios inesperados.

5. Haz uso de KPIs: Los Indicadores Clave de Rendimiento (KPIs) te permiten medir tu progreso de manera cuantitativa. Por ejemplo, puedes utilizar métricas como el crecimiento de seguidores, la tasa de interacción o las conversiones para evaluar tu rendimiento en relación con tus objetivos.

Existen diversas herramientas que puedes utilizar para medir y analizar los KPIs de tus plataformas en línea. Aquí hay algunas opciones populares:

✓ Google Analytics: Aunque es más conocido por su uso en sitios web, Google Analytics también ofrece seguimiento para las redes sociales. Puedes rastrear el tráfico de las redes sociales a tu sitio web, conocer el comportamiento de los usuarios y analizar cómo las redes sociales contribuyen a tus objetivos.

✓ Hootsuite: Hootsuite es una plataforma de gestión de redes sociales que también ofrece herramientas analíticas. Puedes medir métricas como la tasa de interacción, el crecimiento de seguidores y el rendimiento del contenido. Hootsuite también te permite crear informes personalizados para un análisis más profundo.

✓ Buffer: Similar a Hootsuite, Buffer es otra plataforma de gestión de redes sociales con capacidades analíticas. Puedes rastrear métricas de rendimiento, medir la tasa de interacción, el alcance y la participación de la audiencia, y obtener información sobre cuándo es el mejor momento para publicar.

✓ Sprout Social: Esta herramienta de gestión de redes sociales ofrece análisis en profundidad, incluyendo métricas de compromiso, crecimiento de seguidores y datos demográficos de la audiencia. También puedes monitorear menciones y conversaciones en línea para evaluar la percepción de tu marca.

✓ Socialbakers: Socialbakers es una plataforma de análisis de redes sociales que te proporciona datos detallados sobre el rendimiento de tus cuentas en diferentes plataformas. Puedes rastrear métricas clave, comparar tu rendimiento con la competencia y obtener recomendaciones para mejorar tus estrategias.

✓ Iconosquare: Si te centras en Instagram, Iconosquare es una herramienta específica para esta plataforma. Te proporciona análisis detallados de tus publicaciones, crecimiento de seguidores, interacciones y hashtags más populares.

✓ SEMrush: Además de ser una herramienta SEO, SEMrush también ofrece análisis de redes sociales. Puedes realizar un seguimiento de tus KPIs en diferentes plataformas, comparar tu rendimiento con la competencia y obtener ideas para mejorar tu estrategia.

✓ Social Mention: Esta herramienta gratuita te permite rastrear menciones y comentarios en redes sociales en tiempo real. Puedes evaluar la percepción de tu marca y medir el sentimiento de las conversaciones en línea.

Estas son solo algunas de las muchas herramientas disponibles para medir los KPIs de tus redes sociales. Antes de elegir una, considera tus necesidades específicas, el tipo de plataformas que utilizas y el nivel de análisis que requieres. Investiga y prueba diferentes opciones para encontrar la herramienta que mejor se adapte a tus objetivos y preferencias.

6. Establece objetivos a corto, mediano y largo plazo: Los objetivos a corto plazo te mantendrán motivado y te proporcionarán victorias rápidas. Los objetivos a mediano plazo te permitirán profundizar en tus estrategias y ajustarlas según sea necesario. Los objetivos a largo plazo representarán tus aspiraciones finales.

7. Mantén un equilibrio entre ambición y realismo: Si bien es importante tener objetivos ambiciosos, también es crucial que sean realistas y alcanzables. Establecer objetivos demasiado altos puede llevar a la frustración y la desmotivación si no se alcanzan.

8. Revisa y ajusta tus objetivos: A medida que avanzas en tu viaje de monetización, es fundamental revisar y ajustar tus objetivos según tus avances y cambios en el entorno. Algunos objetivos pueden ser superados más rápido de lo esperado, mientras que otros pueden requerir más tiempo y ajustes.

En última instancia, establecer objetivos realistas en la monetización de redes sociales es un proceso reflexivo y estratégico. Al definir metas concretas y alcanzables, estarás equipado para seguir un camino claro hacia el éxito y tomar decisiones informadas a lo largo de tu viaje. Recuerda que la monetización exitosa no solo se trata de cifras, sino también de la satisfacción de alcanzar tus aspiraciones y crecer como creador en línea.

Desarrollando una Mentalidad de Éxito para la Monetización

Desarrollar una mentalidad de éxito es fundamental para alcanzar la monetización de tus redes sociales, por eso, es importante que sigas los siguientes consejos para cultivar una mentalidad sólida que te guiará en tu viaje hacia el éxito en la monetización:

1. Adopta una Mentalidad de Aprendizaje Continuo: Ver cada desafío como una oportunidad de aprendizaje es clave para el éxito. Mantén una actitud curiosa y dispuesta a adquirir nuevos conocimientos y habilidades. Aprende de tus errores y experimenta con nuevas estrategias. El proceso de monetización es dinámico, y el aprendizaje constante te mantendrá actualizado y adaptable a las cambiantes demandas en línea.

2. Enfócate en el Progreso, no en la Perfección: La búsqueda de la perfección puede convertirse en un obstáculo en la monetización. En lugar de obsesionarte con cada detalle, concéntrate en avanzar constantemente. Aprende a aceptar la imperfección como parte del proceso y no te paralices por el miedo al fracaso. Cada paso que das te acerca más a tus metas.

3. Desafía tus Límites y Sal de tu Zona de Confort: El éxito en la monetización a menudo viene de la mano con la disposición de asumir riesgos calculados. Experimenta con nuevas estrategias, pruebas diferentes tipos de contenido y explora nuevas plataformas. Salir de tu zona de confort te ayudará a descubrir oportunidades inesperadas y a expandir tus horizontes en línea.

4. Mantén una Actitud Positiva y Resiliente: Los desafíos son inevitables, pero tu actitud frente a ellos marca la diferencia. Mantén una perspectiva positiva incluso en momentos difíciles. Aprende a enfrentar los obstáculos con resiliencia, viéndolos como oportunidades para crecer en lugar de barreras infranqueables. La forma en que afrontas los desafíos puede determinar tu capacidad para superarlos.

5. Visualiza tus Éxitos y Mantén tus Metas en Mente: La visualización es una herramienta poderosa para construir una mentalidad de éxito. Imagina el logro de tus metas de monetización con todo detalle. Visualizarte a ti mismo con una audiencia comprometida, ingresos predecibles y un impacto positivo en línea refuerza tu motivación y te ayuda a mantener el enfoque en los resultados que deseas alcanzar.

¡Equipaje preparado!

Acabamos de sentar las bases para tu viaje hacia la monetización exitosa de tus redes sociales. Recuerda que debes explorar tus motivaciones intrínsecas y establecer metas claras que actuarán como faros a lo largo del camino. También tendrás que cultivar una mentalidad de crecimiento, resiliencia y adaptabilidad, equipándote con las herramientas necesarias para enfrentar desafíos y aprovechar oportunidades. La preparación interna es tan crucial como las estrategias técnicas en el viaje hacia la monetización. Con una mentalidad sólida y metas bien definidas, estarás listo para avanzar hacia el emocionante mundo de la monetización de redes sociales con confianza y determinación.

2. CONSTRUYENDO UNA BASE FUERTE

En el viaje hacia la monetización de tus redes sociales, construir una base sólida es fundamental para establecer los cimientos de tu éxito. En este capítulo, exploraremos los pasos esenciales para definir tu nicho y audiencia objetivo, así como la creación de contenido valioso y relevante que resonará con tu audiencia.

Definiendo tu Nicho y Audiencia Objetivo

Antes de sumergirte en la creación de contenido, es crucial que tengas una comprensión clara de tu nicho y de quiénes son tus seguidores ideales. Define tu nicho con precisión y examina detenidamente las características demográficas, intereses y necesidades de tu audiencia objetivo. Cuanto mejor entiendas a tu público, más efectivamente podrás diseñar estrategias de monetización que satisfagan sus demandas.

Comprende las motivaciones detrás de por qué tu audiencia podría estar interesada en seguirte. ¿Qué soluciones estás ofreciendo a sus problemas? ¿Cómo puedes brindarles valor en sus vidas? Al comprender profundamente a tu audiencia, podrás ajustar tu enfoque y contenido para crear conexiones auténticas y duraderas.

Y tu dirás: "Si, muy bien ¿Y como se supone que tengo que hacer todo eso?" No te preocupes, solo tendrás que seguir estos pasos:

Paso 1: Autoevaluación y Reflexión

Antes de elegir un nicho, considera tus propias pasiones, intereses y habilidades. Pregúntate qué temas te apasionan y en los que tienes conocimientos o experiencia. Identifica tus fortalezas y lo que te entusiasma compartir con otros. Esta autoevaluación te ayudará a elegir un nicho que te inspire y en el que puedas destacar.

Paso 2: Investiga tus Intereses y Pasiones

Investiga más a fondo los temas que te interesan. Investiga en línea, lee libros, blogs y sigue a influenciadores en esos campos. Esto te brindará una comprensión más profunda de los subnichos y las tendencias dentro de esos temas. Asegúrate de que haya suficiente contenido y demanda en ese nicho para que puedas crear una audiencia comprometida.

Paso 3: Identifica las Necesidades y Problemas de tu Audiencia

Una vez que hayas acotado tus opciones de nicho, identifica las necesidades y problemas que enfrenta la audiencia dentro de ese nicho. Pregúntate cómo puedes brindar valor y soluciones a través de tu contenido. Las audiencias suelen seguir a quienes pueden ayudarles a resolver sus desafíos o satisfacer sus intereses.

Paso 4: Define a tu Audiencia Objetivo

Crea un perfil detallado de tu audiencia objetivo. Considera aspectos demográficos como edad, género, ubicación y ocupación. Profundiza en sus intereses, hábitos en línea y comportamientos de consumo de contenido. Cuanto más específico seas, más efectiva será tu estrategia para llegar a las personas adecuadas.

Paso 5: Investiga a tu Competencia

Analiza a otros creadores en tu nicho y estudia cómo están abordando su audiencia. Observa qué tipo de contenido están creando, cómo se comunican con su audiencia y qué tácticas están utilizando para construir compromiso. Esto te dará ideas sobre cómo diferenciarte y encontrar tu propio enfoque único. También te dará pistas para abordar los pasos 3 y 4.

Paso 6: Prueba y Ajusta

Una vez que hayas definido tu nicho y audiencia objetivo, comienza a crear contenido y observa cómo responde tu audiencia. Presta atención a las métricas de interacción, como los comentarios, me gusta y compartidos. Para ello, recuerda utilizar las herramientas de análisis de redes sociales que mencionamos en el capítulo anterior. A lo largo del tiempo, ajusta tu enfoque en función de lo que funcione mejor y lo que atraiga más a tu audiencia.

Paso 7: Mantén la Flexibilidad

Recuerda que tus intereses y tu audiencia pueden evolucionar con el tiempo. Mantén la flexibilidad para ajustar tu enfoque si descubres que hay cambios en la demanda o si encuentras nuevas oportunidades para conectar con tu audiencia de manera más efectiva.

Creando Contenido de Valor y Relevante

Una vez que hayas definido tu nicho y audiencia, es hora de crear contenido que resuene y ofrezca valor real. Diseña tu contenido con las necesidades y deseos de tu audiencia en mente. Proporciona información útil, entretenimiento o inspiración que aborde los problemas que tu audiencia enfrenta. Asegúrate de que cada pieza de contenido tenga un propósito y un mensaje claro que conecte con tu audiencia.

La autenticidad es clave en esta etapa. Muestra tu voz única y personalidad a través de tu contenido. Los seguidores aprecian la autenticidad y la conexión genuina. Comparte tus propias experiencias y perspectivas, ya que esto te ayudará a destacarte en un mar de contenido similar y te permitirá establecer una relación de confianza con tu audiencia.

Promoviendo la Interacción y el Compromiso

La interacción y el compromiso son fundamentales para construir una base sólida. Anima a tus seguidores a interactuar con tu contenido a través de preguntas, encuestas y llamados a la acción. Responde a los comentarios y mensajes directos de manera genuina y cordial. Cuanta más participación haya, más involucrada estará tu audiencia, lo que a su vez puede aumentar la visibilidad de tu contenido.

Además de la interacción directa, fomenta la comunidad entre tus seguidores. Crea espacios donde puedan conectarse y compartir sus propias perspectivas. Esto no solo aumenta la lealtad de tu audiencia, sino que también puede generar ideas valiosas para tu contenido y estrategias de monetización.

Algunas estrategias que puedes seguir son las siguientes:

1. Crea grupos o comunidades en plataformas como Facebook o LinkedIn donde tus seguidores puedan unirse y participar en discusiones relacionadas con tu nicho. Estos grupos proporcionan un espacio dedicado para que los miembros compartan sus ideas, hagan preguntas y se conecten entre sí.

2. Fomenta la Participación Activa, animando a tus seguidores a participar activamente en tus publicaciones. Haz preguntas abiertas que inviten a comentarios y discusiones. Responde a los comentarios con preguntas adicionales para fomentar conversaciones más profundas.

3. Organiza Desafíos y Concursos relacionados con tu nicho. Pide a tus seguidores que compartan sus propias creaciones, ideas o respuestas. Esto no solo involucrará a tu audiencia, sino que también les dará la oportunidad de mostrar su creatividad y perspectivas únicas.

4. Realiza transmisiones en vivo donde puedas interactuar directamente con tus seguidores. Invita a tus seguidores a unirse a la conversación, hacer preguntas y compartir sus opiniones en tiempo real.

5. Destaca las Historias de los Seguidores en tus publicaciones. Pide a tus seguidores que compartan sus éxitos, proyectos o experiencias relacionadas con tu nicho. Esto no solo crea un sentido de comunidad, sino que también reconoce y valora a tus seguidores.

6. Monitoreo y Ajuste Constante

La construcción de una base sólida es un proceso en evolución. Utiliza herramientas analíticas para rastrear el rendimiento de tu contenido y el crecimiento de tu audiencia. Observa qué tipos de contenido generan más interacción y ajusta tu estrategia en consecuencia. Mantén un ojo en las tendencias emergentes y las preferencias cambiantes de tu audiencia para mantener tu contenido relevante y actualizado.

¡A crear!

Te hemos guiado a través del proceso de construcción de una base fuerte para tu viaje de monetización. Aprendiste a definir tu nicho y audiencia objetivo, crear contenido valioso y relevante, promover la interacción y el compromiso, y monitorear y ajustar constantemente tu enfoque. Estos pasos son esenciales para establecer una base sólida desde la cual puedas avanzar y explorar las etapas posteriores de tu viaje hacia la monetización exitosa de tus redes sociales.

3. NAVEGANDO POR EL CAMBIANTE PAISAJE ALGORÍTMICO

En la era digital actual, las redes sociales desempeñan un papel fundamental en la forma en que las personas se conectan, comparten información y consumen contenido. Sin embargo, el camino hacia el éxito en las redes sociales está lleno de desafíos, y uno de los desafíos más significativos es el cambiante paisaje algorítmico. Los algoritmos de las plataformas sociales juegan un papel crucial en la visibilidad y el alcance de tu contenido, y entender cómo funcionan y cómo adaptarte a sus cambios es esencial para construir una presencia efectiva en línea.

Descifrando los Algoritmos de Redes Sociales:

Los algoritmos de redes sociales son conjuntos de reglas y fórmulas que determinan qué contenido se muestra en los feeds de los usuarios y en qué orden. Estos algoritmos están diseñados para brindar a los usuarios una experiencia personalizada y relevante en función de sus intereses y comportamientos previos. Si bien las plataformas no divulgan todos los detalles de sus algoritmos, hay factores generales que influyen en cómo se distribuye tu contenido:

1. **Participación del Usuario:** Las interacciones, como "Me gusta", comentarios y compartidos, indican que tu contenido es valioso y relevante para los usuarios. Cuantas más interacciones obtenga tu contenido, más probabilidades tendrás de que el algoritmo lo muestre a más personas.

2. **Relevancia:** Los algoritmos priorizan el contenido que se ajusta a los intereses y preferencias del usuario. Esto se basa en el historial de interacción del usuario, incluyendo las publicaciones que ha interactuado en el pasado. Por esta razón es importante conocer a nuestro público objetivo, para poder crear contenido relevante para ellos y, por tanto, para el algoritmo.

3. Frecuencia de Publicación: La consistencia en la publicación es importante para mantener la visibilidad. Los algoritmos pueden favorecer a los creadores que publican regularmente y en horarios óptimos.

La frecuencia y los horarios ideales para publicar en redes sociales pueden variar según la plataforma y tu audiencia objetivo. Sin embargo, aquí hay algunas pautas generales que puedes considerar al planificar tus publicaciones para ser favorecido por los algoritmos:

Facebook:

- Frecuencia: 1-3 publicaciones al día.
- Mejores días: De lunes a viernes.
- Mejores horarios: Entre las 9 a.m. y las 3 p.m., con un pico de actividad alrededor del mediodía.

Instagram:

- Frecuencia: 1-2 publicaciones al día.
- Mejores días: De martes a viernes.
- Mejores horarios: Entre las 10 a.m. y las 3 p.m., con un pico de actividad alrededor del mediodía. También, el jueves a las 11 a.m. suele ser un buen momento.

Twitter:

- Frecuencia: 3-5 tweets al día.
- Mejores días: De lunes a viernes.
- Mejores horarios: Entre las 12 p.m. y las 3 p.m., con un enfoque en los martes y miércoles.

LinkedIn:

- Frecuencia: 1-2 publicaciones al día.
- Mejores días: De martes a jueves.
- Mejores horarios: Entre las 8 a.m. y las 2 p.m., especialmente alrededor del mediodía y las 5 p.m.

Pinterest:

- Frecuencia: 5-20 pines al día.

- Mejores días: sábados y domingos.

- Mejores horarios: Entre las 8 p.m. y las 11 p.m., con énfasis en los sábados por la mañana.

YouTube:

- Frecuencia: 1-3 videos a la semana.

- Mejores días: Dependerá de tu audiencia, pero los martes, miércoles y jueves suelen ser buenos días.

- Mejores horarios: En función de tu audiencia global, considera horarios entre las 12 p.m. y las 4 p.m.

Recuerda que estas pautas son generales y que lo más importante es conocer a tu audiencia y sus hábitos en línea. La consistencia en la frecuencia y los horarios es clave. Asegúrate de mantener un horario de publicación coherente y de monitorear el rendimiento de tus publicaciones para realizar ajustes según los resultados.

4. Tipo de Contenido: Algunas plataformas pueden dar preferencia a ciertos tipos de contenido, como videos en vivo o historias, dependiendo de lo que sea popular en ese momento.

1. Facebook:

- Contenido Visual: Imágenes y videos de alta calidad tienden a tener un mayor alcance. Facebook también da importancia a los videos en vivo.

- Contenido Interactivo: Publicaciones que generan interacciones, como "Me gusta", comentarios y compartidos, son favorecidas.

2. Instagram:

- Contenido Visual: Imágenes y videos de alta calidad son esenciales. Las publicaciones en el feed y las historias deben ser atractivas visualmente.

- Uso de Hashtags: Utilizar hashtags relevantes puede aumentar la visibilidad de tus publicaciones en las búsquedas y exploración.

3. Twitter:

• Contenido Actual: Twitter se centra en contenido actual y en tiempo real. Los tweets sobre eventos actuales, noticias y tendencias tienden a tener un mayor alcance.

• Contenido Viral: Los retweets y las respuestas a tweets populares pueden aumentar la visibilidad de tu contenido.

4. LinkedIn:

• Contenido Profesional: LinkedIn prioriza contenido relacionado con el ámbito profesional y laboral. Publicaciones sobre noticias de la industria, consejos laborales y logros profesionales son favorecidas.

• Contenido de Larga Duración: Los artículos largos y bien elaborados en la plataforma de artículos de LinkedIn pueden generar un mayor alcance.

5. YouTube:

• Contenido Visual y de Video: YouTube es una plataforma de video, por lo que los videos son esenciales. Los videos de mayor duración y compromiso suelen ser favorecidos.

• Retención de Audiencia: Los videos que mantienen a los espectadores viendo durante más tiempo son valorados por el algoritmo.

6. TikTok:

• Contenido Creativo y Corto: TikTok es conocida por su enfoque en videos cortos y creativos. El contenido entretenido y original es fundamental para captar la atención de la audiencia.

Es importante tener en cuenta que las redes sociales pueden actualizar sus algoritmos en cualquier momento, lo que puede afectar la forma en que se prioriza el contenido. Mantente informado sobre las actualizaciones y adapta tu estrategia según las últimas tendencias y cambios en los algoritmos para maximizar el alcance y el compromiso con tu audiencia.

Adaptándote a los Cambios de Algoritmo:

Las plataformas sociales están en constante evolución, y los algoritmos se actualizan regularmente para mejorar la experiencia del usuario y prevenir el abuso. Es crucial estar al tanto de las actualizaciones y adaptar tu estrategia en consecuencia.

1. **Investiga y Aprende:** Mantente al día con las actualizaciones de algoritmos a través de fuentes confiables, blogs de redes sociales y recursos oficiales. Comprender cómo funcionan los nuevos algoritmos te ayudará a ajustar tu enfoque. Algunas de estas fuentes donde puedes obtener información actualizada sobre los cambios en los algoritmos de redes sociales son:

✓ Blog de Facebook for Business: El blog oficial de Facebook for Business brinda información sobre actualizaciones y cambios en el algoritmo de Facebook, así como consejos para mejorar tu presencia en la plataforma.

✓ Blog de Instagram Business: Similar al caso de Facebook, el blog de Instagram Business proporciona detalles sobre las actualizaciones del algoritmo de Instagram y ofrece orientación sobre cómo optimizar tus publicaciones.

✓ Blog de Twitter: El blog oficial de Twitter es una fuente importante para estar al tanto de los cambios en el algoritmo de Twitter, junto con consejos y mejores prácticas para aprovechar la plataforma.

✓ LinkedIn Marketing Solutions Blog: El blog de LinkedIn Marketing Solutions comparte información sobre el algoritmo de LinkedIn y cómo maximizar tu presencia profesional en la plataforma.

✓ YouTube Creator Blog: El blog de YouTube Creator proporciona actualizaciones sobre el algoritmo de YouTube y ofrece consejos para creadores de contenido sobre cómo mejorar su rendimiento en la plataforma.

✓ TikTok Newsroom: La sala de prensa oficial de TikTok, llamada TikTok Newsroom, ofrece información sobre actualizaciones de algoritmos, nuevas funciones y estadísticas relevantes.

✓ Hootsuite Blog: Hootsuite, una herramienta de gestión de redes sociales, tiene un blog que aborda regularmente cambios en los algoritmos y ofrece consejos para mantenerse al día.

✓ Buffer Blog: Buffer es otra herramienta de gestión de redes sociales con un blog que brinda información actualizada sobre algoritmos y estrategias de redes sociales.

✓ Social Media Examiner: Este blog ofrece consejos y actualizaciones sobre estrategias de redes sociales, incluidos los cambios en los algoritmos.

✓ Sprout Social Insights: Sprout Social, una plataforma de gestión de redes sociales tiene una sección de insights en su sitio web que incluye análisis de cambios en los algoritmos y consejos para adaptarse.

Recuerda verificar la fuente y asegurarte de que esté respaldada por la plataforma oficial o expertos en marketing digital confiables. Mantenerse informado a través de estas fuentes te permitirá adaptarte rápidamente a los cambios en los algoritmos y ajustar tu estrategia de redes sociales en consecuencia.

2. Diversifica tu Contenido: Experimenta con diferentes tipos de contenido para determinar qué resuena mejor con el algoritmo actual. Prueba imágenes, videos, publicaciones de texto y más para ver qué genera más interacción.

3. Prioriza la Participación: La interacción es clave para el éxito en las redes sociales. Fomenta el compromiso de tus seguidores mediante preguntas, encuestas y llamadas a la acción en tus publicaciones.

4. **Mide y Ajusta:** Utiliza las herramientas de análisis de la plataforma para rastrear el rendimiento de tus publicaciones. Examina las métricas como el alcance, las impresiones y la tasa de interacción para identificar lo que funciona y lo que no.

Enfrentando los Desafíos del Cambio Algorítmico:

Si bien los cambios en los algoritmos pueden presentar desafíos, también ofrecen oportunidades para mejorar tu estrategia y destacar entre la multitud. Aquí hay algunas estrategias para enfrentar los desafíos y aprovechar las oportunidades:

1. **Mantén la Autenticidad:** En lugar de tratar de "hackear" el algoritmo con tácticas temporales, concéntrate en la creación de contenido auténtico y valioso que resuene genuinamente con tu audiencia.

2. **Diversifica tus Plataformas:** Si un cambio en el algoritmo afecta negativamente tu alcance en una plataforma, considera diversificar tu presencia en otras redes sociales.

3. **Aprende de tus Éxitos y Fracasos:** Examina qué tipos de contenido generan más interacción y ajusta tu estrategia en consecuencia. No tengas miedo de experimentar y probar nuevas ideas.

4. **Sé Flexible y Adaptable:** A medida que los algoritmos evolucionan, es esencial ser flexible en tu enfoque. Está dispuesto a ajustar tus tácticas y probar nuevas estrategias para seguir siendo relevante.

¡Ningún algoritmo se te resiste!

En resumen, los algoritmos de redes sociales son una parte integral del juego en línea y desempeñan un papel crucial en cómo se distribuye tu contenido. Al comprender cómo funcionan y adaptarte a sus cambios, puedes navegar con éxito por el cambiante paisaje algorítmico y maximizar tu visibilidad y alcance en las redes sociales. Mantente informado, experimenta y ajusta tu estrategia según sea necesario para aprovechar al máximo los algoritmos y construir una presencia sólida en línea.

4. SOBRESALIENDO EN UN MAR DE COMPETENCIA: CÓMO DESTACAR ENTRE LA MULTITUD

¡Ey, emprendedor de las redes sociales! ¿Listo para sumergirte en aguas turbulentas llenas de competidores? No te preocupes, este capítulo te tiene cubierto. Prepárate para descubrir cómo brillar como una estrella entre la multitud y diferenciarte del resto.

Identificando tu Propuesta Única de Valor (PUV)

Aquí está la verdad cruda: en un mundo en el que todos intentan destacar, necesitas algo que te haga especial, como esa guinda en un cupcake o esa canción pegajosa que no puedes sacarte de la cabeza. Es hora de encontrar tu Propuesta Única de Valor (PUV). ¿Qué es eso? Es lo que te hace único, lo que te distingue de otros en tu nicho. No te preocupes, no necesitas ser un genio creativo para hacerlo.

Imagina que eres un amante de la moda en un mar de bloggers de moda. ¿Qué puedes ofrecer que los demás no puedan? ¿Tienes un enfoque específico en sostenibilidad? ¿Eres un maestro en combinar estilos inusuales? Encuentra tu ángulo especial y úsalo para marcar tu territorio en el vasto océano de contenido. Y por si estas indicaciones no son suficientes, aquí van algunos consejos. ¡Toma nota!

1. **Reflexiona sobre tus habilidades, pasiones y experiencias únicas.** Haz una lista de lo que haces mejor que la mayoría y lo que te apasiona. ¿Qué conocimientos o talentos tienes que pueden ser valiosos para tu audiencia?

2. **Investiga a la Competencia:**

Analiza a tus competidores y busca lo que falta en el mercado.

¿Qué nichos no están cubiertos o tienen espacio para crecer? Identifica las lagunas en la oferta actual y cómo puedes llenarlas de manera única.

3. **Escucha a tu Audiencia:**

¿Qué preguntas te hacen con frecuencia tus seguidores? ¿Qué desafíos enfrentan y cómo puedes ayudarlos a resolverlos? Escucha atentamente a tu audiencia y adapta tu PUV para satisfacer sus necesidades y deseos.

4. Utiliza tu historia Personal:

Tu historia y tus experiencias personales pueden ser parte integral de tu PUV. Comparte cómo superaste obstáculos, alcanzaste metas o adquiriste habilidades específicas. Tu autenticidad puede conectarte con tu audiencia de manera única.

5. Crea un enfoque Específico:

En lugar de ser demasiado amplio, encuentra un enfoque específico que te permita destacar. ¿Puedes especializarte en un subnicho dentro de tu industria? Un enfoque más preciso puede ayudarte a ser un experto reconocido en esa área.

Recuerda que tu PUV puede evolucionar con el tiempo a medida que aprendes más sobre tu audiencia y tu nicho. La autenticidad es clave, así que asegúrate de que tu PUV refleje quién eres y lo que tienes para ofrecer de manera genuina.

Estrategias para Diferenciarte de la Competencia

No te vamos a mentir, competir en las redes sociales es como estar en una batalla épica por la atención. Pero aquí tienes un truco bajo la manga: ¡ser auténtico! Sí, sí, suena a cliché, pero es verdad. La gente ama lo auténtico, lo genuino, lo que hace que tus seguidores sientan que te conocen personalmente.

Si bien es tentador copiar lo que otros hacen, eso no te hará sobresalir. ¿Por qué ser una copia barata cuando puedes ser una versión auténtica de ti mismo? Comparte tus experiencias, tus éxitos y tus fracasos. Deja que tu personalidad brille a través de tu contenido. ¿Eres gracioso, apasionado, un poco excéntrico? ¡Aprovecha eso! Y ten en cuenta estos consejos:

✓ **La Importancia del Engagement con tu Audiencia**

Escucha bien: el engagement es como ese ingrediente secreto en tu receta que hace que todo sea mucho más sabroso. Cuanto más interactúes con tus seguidores, más cercana se vuelve la relación. No te limites a publicar y desaparecer en las sombras. Responde a los comentarios, haz preguntas, involucra a tu audiencia en conversaciones genuinas.

Recuerda, el engagement no es unidireccional. No es solo sobre ti. Se trata de construir una comunidad donde las personas se sientan valoradas y escuchadas. ¡Imagina tener una conversación de café con tus seguidores y compartir risas virtuales!

✓ Innovando y Experimentando con Creatividad

¿Quieres destacar? Prepárate para romper algunas reglas. La innovación y la creatividad son tus mejores aliados en esta búsqueda. Experimenta con diferentes formatos de contenido. Prueba cosas nuevas y emocionantes que nadie más esté haciendo. ¡Despierta la curiosidad de tus seguidores!

¿No estás seguro por dónde empezar? Inspírate en otras industrias. ¿Qué están haciendo los músicos, los chefs o los atletas para destacar? ¿Cómo puedes aplicar esas ideas a tu nicho? La clave es encontrar formas frescas y emocionantes de presentar tu contenido que mantengan a tus seguidores pegados a sus pantallas.

✓ Convertir la Competencia en Colaboración

Sí, estás en una competencia, pero ¿y si te decimos que también puedes convertir esa competencia en colaboración? Colaborar con otros creadores en tu nicho puede ser una estrategia ganadora. ¿Por qué? Porque te expones a nuevas audiencias y compartes seguidores que ya están interesados en tu temática.

La colaboración no solo te ayuda a llegar a nuevos seguidores, sino que también muestra a tu audiencia que estás dispuesto a trabajar con otros y que valoras la comunidad. ¡Y quién sabe, podrías terminar formando alianzas épicas que beneficien a ambos lados! Pero no nos adelantemos, veremos esto con más detalle en los siguientes capítulos.

¿Listo para el Desafío?

Aquí estamos, navegando en las aguas agitadas de la competencia en las redes sociales. Pero recuerda, en medio de todas esas olas, eres tú quien tiene el timón. Identifica tu PUV, sé auténtico, involucra a tu audiencia, experimenta con creatividad y no tengas miedo de colaborar.

En un mundo lleno de voces, es tu singularidad lo que te destacará. Así que adelante, haz olas y déjate ver en medio de la multitud. ¡Sobresal y muestra al mundo lo que tienes! La competencia no es rival para alguien como tú, listo para marcar la diferencia.

5. TRANSFORMANDO SEGUIDORES EN INGRESOS: DIVERSIFICA Y CAPITALIZA

¡Hola, maestros de la monetización! ¡Es hora de hablar de dinero en serio! En este capítulo, vamos a desentrañar el misterio detrás de cómo convertir tus seguidores en auténticos dólares. Así que, ponte cómodo y prepárate para sumergirte en el emocionante mundo de la generación de ingresos.

Diversificando Fuentes de Monetización

Piensa en tus ingresos como un buffet gigante. No querrás depender solo de un platillo, ¿verdad? Del mismo modo, no querrás poner todos tus huevos en una sola canasta cuando se trata de generar dinero en las redes sociales. Aquí es donde entra la magia de la diversificación.

¿Qué tal mezclar y combinar diferentes estrategias de monetización? Publicidad, marketing de afiliados, venta de productos o servicios, membresías exclusivas… ¡las opciones son infinitas! Diversificar tus fuentes de ingresos no solo te hace menos vulnerable a los cambios, sino que también te permite llegar a una audiencia más amplia.

Capitalizando tus Habilidades y Pasiones

¿Recuerdas esa habilidad que te hace brillar en medio de la multitud? ¡Es hora de monetizarla! Convertir tus habilidades y pasiones en ingresos es como convertir tu pasatiempo favorito en un negocio rentable. ¿Eres un as en la cocina? ¿Tienes una voz cautivadora? ¿Eres un maestro en la jardinería? ¡Exprime esas habilidades al máximo!

Digamos que eres un experto en yoga. ¿Por qué no ofrecer clases en línea o crear contenido premium para tus seguidores? No solo estarás generando ingresos, sino también compartiendo lo que amas. ¡Eso es una victoria en ambos sentidos!

- **Estrategias para Monetización Efectiva**

¡Atención, estrategas! Aquí hay algunas tácticas probadas y verdaderas para generar ingresos como un campeón:

1. Marketing de Afiliados: ¿Eres un fanático de los productos y servicios que amas? Conviértete en un embajador y gana comisiones cada vez que alguien compre a través de tu enlace personalizado. Además, hay montones de plataformas que tienen programa de afiliados al que puedes sumarte. ¿Que cuales son? Aquí tienes algunas:

• *Amazon Afiliados:* El gigante del comercio electrónico ofrece un programa de afiliados que te permite promocionar casi cualquier cosa que vendan en su sitio. ¡Desde libros hasta electrónicos y mucho más!

• *ShareASale:* Esta plataforma conecta a los afiliados con una amplia gama de programas de afiliados en diferentes nichos. Puedes encontrar productos y servicios que se adapten a tu audiencia.

• *ClickBank*: Si estás en busca de productos digitales como cursos en línea, libros electrónicos o software, ClickBank es el lugar. Tienen una gran variedad de productos para elegir.

• *Rakuten Advertising:* Anteriormente conocido como Rakuten Marketing, esta plataforma ofrece programas de afiliados de marcas populares en varias categorías, desde moda hasta tecnología.

• *CJ Affiliate (Commission Junction):* Otra plataforma que reúne a los afiliados con programas de afiliados de marcas conocidas en diversas industrias. Tienen una amplia red de anunciantes.

• *Shopify Afiliados:* Si tienes seguidores interesados en el comercio electrónico, puedes promocionar la plataforma Shopify y ganar comisiones por cada cliente que se registre a través de tu enlace.

• *RewardStyle:* Si te gusta el mundo de la moda y el estilo de vida, RewardStyle es una plataforma popular entre los bloggers y creadores de contenido para monetizar a través de la moda y la belleza.

• *Cursos en Línea y Plataformas Educativas*: Muchas plataformas de educación en línea ofrecen programas de afiliados. Udemy, por ejemplo, permite a los afiliados ganar comisiones por la venta de cursos.

- *Plataformas de Hosting y Dominios:* Si tienes seguidores interesados en crear su propio sitio web, puedes promocionar servicios de hosting y dominio como Bluehost o SiteGround.

- *Programas de Afiliados de Empresas Específicas:* Muchas marcas y empresas tienen sus propios programas de afiliados. Si hay una marca que amas y que ofrece un programa, ¡puedes unirte y promocionar sus productos!

Solo tienes que elegir el programa o programas que mas se ajusten a los productos o servicios que quieres ofrecer a tus seguidores, y ¡A facturar

2. Productos Digitales: Son una excelente manera de monetizar tu conocimiento y experiencia. Aquí te dejo algunos ejemplos, pero las posibilidades son infinitas:

- Ebooks Educativos: ¿Eres un experto en algo? Crea y vende ebooks que compartan tus conocimientos. Desde guías de entrenamiento hasta recetas saludables, cualquier tema que interese a tu comunidad te servirá.

- Cursos en Línea: Si tienes habilidades especiales o conocimientos profundos en un tema, ¿por qué no convertirte en un profesor en línea? Ofrece cursos a través de plataformas como Udemy o Teachable.

- Plantillas y Recursos Creativos: ¿Eres un diseñador gráfico o un amante de la decoración? Crea y vende plantillas de currículums, diseños de invitaciones, fondos de pantalla, etc.

- Programas de Entrenamiento Personalizado: Si estás en el mundo del fitness, ofrece programas de entrenamiento personalizado en línea. Crea rutinas y planes de alimentación adaptados a tus seguidores.

- Paquetes de Recetas y Planes de Comidas: Si te encanta la

cocina y tienes recetas deliciosas y saludables, compártelas en paquetes descargables con planificación de comidas y listas de compras.

Por cierto, puede que alguien ya esté vendiendo estos productos digitales que te interesan y puede que tengan programa de afiliados... ¿Ves por donde voy? De nada.

3. Venta de Productos Físicos: ¿Tienes una línea de productos que refleja tu personalidad y nicho? Desde camisetas hasta tazas de café, tus seguidores podrían estar ansiosos por mostrar su apoyo y muchas redes sociales tienen soporte para ventas online.

4. Membresías y Contenido Premium: Ofrece contenido exclusivo a tus seguidores más leales a través de membresías. Desde acceso temprano a videos hasta contenido detrás de escena, ¡haz que valga la pena!

5. Colaboraciones Pagadas: Las marcas buscan colaboradores auténticos. ¡Aprovecha tu influencia para establecer relaciones pagadas y auténticas con marcas que te gusten!

Como podrás imaginar, esto no es nada fácil y te va a tocar ponerte el mono de trabajo. Estas son algunas cosas que puedes hacer para conseguirlas:

- ✓ **Investiga Marcas Afines:** Identifica marcas que se alineen con tu contenido y valores. Investiga si tienen programas de colaboración o afiliados y cómo puedes unirte.

- ✓ **Contacta Directamente:** Una vez que hayas encontrado marcas adecuadas, no dudes en ponerte en contacto con ellas. Envía un correo electrónico o un mensaje directo en redes sociales explicando quién eres, por qué te gustaría colaborar y cómo podrías beneficiarles.

- ✓ **Propuesta Personalizada**: Crea propuestas personalizadas para cada marca que aborden cómo tu audiencia y contenido pueden beneficiar su marca. Muestra cómo planeas presentar su producto o servicio de manera auténtica.

✓ **Redes de Influencers:** Únete a plataformas de marketing de influencia donde las marcas buscan creadores para colaboraciones pagadas. Algunas plataformas populares incluyen AspireIQ, Upfluence y Inzpire.me.

✓ **Participa en Campañas de Hashtags:** Algunas marcas organizan campañas en redes sociales con hashtags específicos. Participa en estas campañas utilizando el hashtag y etiquetando a la marca. Si destacas, podrían notarte y considerarte para futuras colaboraciones.

✓ **Demuestra Autenticidad:** Las marcas valoran la autenticidad. Muestra cómo puedes incorporar sus productos o servicios de manera natural en tu contenido sin parecer forzado.

✓ **Negocia de Manera Justa:** Una vez que una marca esté interesada, negocia los términos de la colaboración, incluyendo la compensación, plazos y expectativas claras.

Recuerda, No se Trata Solo de Dinero

Mientras que la monetización es emocionante, recuerda que no se trata solo de dólares y centavos. Se trata de crear un valor genuino para tus seguidores. Si estás en esto solo por el dinero, es probable que no tengas éxito a largo plazo. Enfócate en cómo puedes satisfacer las necesidades de tu audiencia y mejorar sus vidas a través de lo que ofreces.

Así que ahí lo tienes. Desde diversificar tus fuentes de ingresos hasta capitalizar tus habilidades y pasiones, estás listo para convertir tus seguidores en auténticos ingresos. ¡Lánzate y descubre el emocionante mundo de ganar dinero mientras haces lo que amas! ¡El cielo es el límite!

6. NEGOCIANDO ACUERDOS Y COLABORACIONES EXITOSAS

¡Hey, emprendedor de redes sociales! Si has llegado hasta aquí, es porque estás decidido a dejar una huella monetizada en el mundo digital. Sabes que no estás solo en este viaje y que las colaboraciones pueden ser la chispa que encienda tu éxito. Pero espera un momento, ¿cómo diablos te abres camino en ese universo de contratos y negociaciones? No te preocupes, porque en este capítulo vamos a compartirte todos los trucos para convertirte en el campeón de las colaboraciones.

Abriendo Puertas a Colaboraciones Rentables

Imagina esto: estás navegando en el océano infinito de las redes sociales y te encuentras con otros navegantes que tienen barcos igual de geniales que el tuyo. Aquí es donde las colaboraciones entran en juego. Desde menciones mutuas hasta colaboraciones de contenido completo, estas asociaciones pueden disparar tu alcance y tu credibilidad a niveles épicos.

Pero ¿cómo encuentras estas colaboraciones? Comienza con lo básico: **investiga a otros creadores** que sean afines a tu audiencia y valores. Algunas plataformas incluso tienen herramientas de búsqueda para encontrar la mejor pareja de baile para tus proyectos. Aquí tienes algunas:

1.Influencity: Esta plataforma conecta a influencers y marcas en una variedad de nichos. Puedes buscar oportunidades de colaboración basadas en tus seguidores y alcance.

2. AspireIQ: Anteriormente conocida como Revfluence, AspireIQ permite a los creadores conectarse con marcas para colaboraciones en plataformas como Instagram, YouTube y más.

3. Famebit: Propiedad de YouTube (ahora parte de Google), Famebit es una plataforma que conecta a creadores de contenido con marcas para campañas y colaboraciones.

4. Upfluence: Esta plataforma facilita la conexión entre influencers y marcas, brindando herramientas para encontrar oportunidades y gestionar colaboraciones.

5. BrandSnob: Una plataforma para influencers que se centra en la moda y la belleza. Conecta a creadores con marcas de moda y estilo de vida.

6. Cooperatize: Esta plataforma ofrece oportunidades de contenido patrocinado en blogs y redes sociales, conectando a creadores con marcas relevantes.

7. Octoly: Si te enfocas en contenido relacionado con productos de belleza, moda o estilo de vida, Octoly te permite colaborar con marcas para obtener productos a cambio de reseñas y contenido.

8. GrapeVine: Una plataforma que une a creadores de contenido con marcas para colaboraciones en YouTube e Instagram.

9. Hypr: Hypr ofrece una amplia gama de oportunidades de colaboración para influencers y creadores en múltiples plataformas sociales.

10. Tribe: Con un enfoque en Instagram, Tribe permite a los creadores conectarse con marcas para campañas de contenido.

Recuerda que cada plataforma puede tener sus propias características y requisitos. Investiga un poco y elige las que mejor se adapten a tu estilo y audiencia.

Dominando el Arte de la Negociación

Las colaboraciones no son solo un paseo tranquilo en un yate, a veces te enfrentarás a vientos agitados y olas fuertes, también conocidas como negociaciones. Aquí, la comunicación clara y las expectativas realistas son tus mejores amigos. ¿Quieres que tu colaborador comparta tu publicación? ¿Necesitas que te mencionen en su video? Asegúrate de dejar claro qué estás buscando y qué puedes ofrecer a cambio.

¡Ah, y no olvides el presupuesto! A medida que creces, tu tiempo y esfuerzo valen más. No subestimes el poder de una remuneración justa. Sin embargo, si estás en las etapas iniciales, puede que te encuentres más con colaboraciones de intercambio, ¡y eso está bien! Solo asegúrate de que ambas partes estén contentas con el acuerdo.

¿Te estás preguntando cómo debería ser esa propuesta de colaboración que vas a mandar a esos socios potenciales que has encontrado? No te preocupes, respira, estoy aquí para ayudarte.

Una buena **propuesta de colaboración** debería incluir al menos estos puntos clave:

1. Detalles de las Partes Involucradas: Nombres y detalles de contacto completos de ambas partes: tú (el creador) y el colaborador o la marca.

2. Descripción de la Colaboración: Una explicación clara de la colaboración propuesta, incluyendo el tipo de contenido, plataformas sociales y el propósito de la colaboración.

3. Fecha y Duración: Fecha de inicio y finalización de la colaboración, si es aplicable. Esto es especialmente importante si se trata de una campaña temporal.

4. Obligaciones de Cada Parte: Enumera las tareas y responsabilidades específicas de ambas partes. Esto podría incluir la creación y entrega del contenido, el uso de hashtags o etiquetas, la promoción cruzada, etc.

5. Compensación y Beneficios: Especifica la forma de compensación, ya sea monetaria, productos, servicios, etc. Además, menciona si hay incentivos adicionales, como códigos de descuento para tus seguidores.

6. Derechos de Uso y Propiedad Intelectual: Define quién tendrá los derechos de propiedad del contenido creado durante la colaboración. Esto es esencial para evitar problemas legales en el futuro.

7. Calendario de Publicación: Detalla las fechas y horarios en los que se espera que el contenido se publique en las redes sociales.

8. Condiciones de Cancelación o Modificación: Establece qué sucede si una de las partes necesita cancelar o modificar la colaboración. ¿Se requiere aviso previo? ¿Qué sucede con cualquier trabajo ya realizado?

9. Confidencialidad y Divulgación: Especifica si existe información confidencial que ambas partes deben mantener en secreto. Además, si la colaboración es patrocinada, asegúrate de cumplir con las regulaciones de divulgación de publicidad.

10. Renuncias y Responsabilidades: Aclara que ambas partes están de acuerdo en que cada uno es responsable de su propio contenido y acciones, y renuncian a cualquier responsabilidad mutua por posibles problemas.

11. Medios de Comunicación y Aprobación: Establece cómo se llevará a cabo la revisión y aprobación del contenido antes de su publicación, y cómo se manejarán los cambios y revisiones.

12. Resolución de Conflictos: Describe cómo se abordarán los conflictos o desacuerdos que puedan surgir durante la colaboración.

13. Límites de Uso: Si estás recibiendo productos o servicios a cambio de la colaboración, define si hay algún límite en su uso y cómo se espera que los promociones.

Por último, dejame darte solo dos consejos más:

Preserva tu Autenticidad en un Mar de Negocios

Cuando empiezas a cerrar acuerdos, hay algo fundamental que debes recordar: tu autenticidad es tu mayor tesoro. No te conviertas en un anuncio publicitario ambulante. Mantén tu voz única y genuina. La gente te sigue por ser tú, así que asegúrate de que eso nunca cambie.

Construye Confianza con tu Audiencia

Hablando de autenticidad, no subestimes la inteligencia de tu audiencia. Ellos pueden detectar un trato falso desde kilómetros de distancia. Es por eso por lo que debes ser transparente sobre tus colaboraciones. Menciona cuando estás trabajando con una marca o con otro creador. La confianza que construyes con tu comunidad es más valiosa que cualquier colaboración única.

¡A Bailar!

Las colaboraciones son como una danza, pero en lugar de pasos elegantes, estás trabajando en una estrategia que beneficie a ambas partes. Abre puertas, negocia con confianza y recuerda siempre quién eres. Y sí, en algún momento, tendrás que sortear algunas olas, pero eso es lo que hace que el viaje valga la pena. Así que adelante, ¡conviértete en el maestro de las colaboraciones y sigue navegando hacia ese futuro brillante en tus redes sociales monetizadas!

7. MANTENIENDO AUTENTICIDAD Y CREDIBILIDAD

Es hora de hacer un alto en el camino para ponernos serios un momento; y es que, no solo quiero enseñarte a hacer crecer tu negocio, sino también a hacerlo sin comprometer esa voz única que te hace destacar. En este viaje, no solo estás construyendo una marca, estás construyendo una conexión auténtica con tus seguidores. Así que prepárate, porque hoy te sumergirás en el mundo de mantener tu autenticidad mientras monetizas y cómo construir esa confianza valiosa con tu audiencia.

Cómo Monetizar sin Perder tu Voz Única

¿Alguna vez has sentido que el mundo de la monetización podría hacer que pierdas tu autenticidad? ¡No estás solo en eso! La monetización puede ser un camino resbaladizo hacia la homogeneidad si no tienes cuidado. Pero tarde o temprano, todos aprendemos que no podemos cambiar nuestra esencia por algunos billetes. Por eso, para que puedas sacar el mayor rendimiento a tus redes sociales mientras mantienes todas esas cosas, tan tuyas y que tanto gusta a tus seguidores debes tener en cuenta lo siguiente:

1. Tu Autenticidad es tu Moneda de Oro

Aquí está la verdad: las personas siguen a personas, no a productos. En un mundo lleno de contenido, es tu autenticidad la que se destaca. Cuando mantienes tu voz única, atraes a aquellos que se conectan contigo, no solo con lo que estás vendiendo. Las marcas quieren trabajar contigo por quien eres, no por cuántos seguidores tienes.

2. No Tienes que Aceptar Todas las Oportunidades

El dinero es tentador, pero no dejes que te nuble la visión. No todas las oportunidades son adecuadas para ti y tu audiencia. Si un trato no se alinea con tus valores, tono o intereses, no tengas miedo de decir "no". No necesitas comprometer tu integridad por un contrato. Las colaboraciones que encajan naturalmente con tu estilo son las que importan y si te han llegado las primeras, las segundas también terminarán llegando. Paciencia.

3. La Creatividad Sigue Siendo el Rey

Una vez que empiezas a monetizar, es fácil caer en la trampa de la repetición. Pero no dejes que la creatividad se desvanezca. Mantén tu estilo fresco y emocionante. Aporta tu toque único a las colaboraciones y a la promoción de productos. Siempre que puedas hacerlo tuyo, lo harás auténtico.

Construyendo Confianza con tu Audiencia

Y dicho esto ¿Cómo mantienes a tus seguidores alrededor? ¿Cómo construyes esa confianza sólida que es la base de cualquier relación exitosa en las redes sociales? Aquí tienes algunas claves para construir una confianza genuina y mantener a tu audiencia comprometida.

1. Transparencia, la Joya Rara

La transparencia es una moneda rara en este mundo digital. Pero cuando compartes los altibajos de tu viaje de monetización, creas un puente entre tú y tus seguidores. Compartir tus desafíos y triunfos no solo te hace humano, sino que también demuestra que tienes integridad.

2. Promoción con Propósito

Cuando promocionas un producto o servicio, no te limites a repetir el guión que te dieron. Explora el producto por ti mismo y comparte tus experiencias genuinas. Si realmente crees en lo que estás promocionando, se nota. La promoción con propósito es mucho más efectiva y construye confianza.

3. Construye una Comunidad, no una Audiencia

No estás hablando con una multitud anónima. Estás construyendo una comunidad, una tribu que te sigue. Haz preguntas, crea encuestas, involucra a tus seguidores en decisiones clave. Cuando se sienten parte de tu viaje, se convierten en defensores leales.

4. Acepta la Responsabilidad

Si cometes un error, admítelo. La transparencia no solo se trata de compartir lo bueno, sino también de reconocer tus errores. Aceptar la responsabilidad construye confianza. La gente aprecia la honestidad y es más probable que te perdone.

5. No te Conviertas en un Anuncio Andante

Monetizar no significa convertirte en un cartel publicitario humano. Mantén un equilibrio entre el contenido promocional y el contenido personal. Tus seguidores están interesados en ti, tus pensamientos y tu vida. Si solo ven promociones, perderán interés.

Tu Voz es tu Valor

Mantener tu autenticidad y construir confianza con tu audiencia es un viaje constante. No es un interruptor que se enciende y se apaga. Es una elección diaria de ser fiel a ti mismo y a tus seguidores. Cuando tu voz brilla, tu audiencia confía y te sigue. Entonces, sigue siendo auténtico, mantén tu voz única y construye esa confianza. En el mundo de las redes sociales, tu voz es tu valor.

8. ENFRENTANDO LAS MONTAÑAS Y LOS VALLES DE INGRESOS: SOBREVIVE A LAS SUBIDAS Y BAJADAS ECONÓMICAS CON ESTILO.

¡Vamos a hablar de las finanzas, amigo mío! No, no estoy aquí para aburrirte con gráficos y números confusos. Estamos hablando de cómo navegar por las montañas rusas de los ingresos en el mundo salvaje de las redes sociales. Así que siéntate, relájate y prepárate para enfrentar esos altibajos económicos con una actitud tan desenfadada como un paseo en montaña rusa.

Administrando Fluctuaciones en tus Ingresos

¿Alguna vez te has sentido como un funambulista en el circo de los ingresos? ¡Te entiendo! En el mundo de las redes sociales, los ingresos pueden ser tan volátiles como el clima de primavera. Un mes estás bailando en la cima de una colina, y al siguiente te encuentras descendiendo en picada. Pero no te preocupes, amigo mío, aquí tienes algunas tácticas geniales para administrar esos altibajos financieros como un verdadero profesional.

1. Un Baile con el Presupuesto

Es hora de abrazar a tu nuevo mejor amigo: ¡el presupuesto! Cuando tus ingresos están subiendo y bajando como un yoyó, un presupuesto te mantiene en el camino correcto. Conoce tus gastos mensuales y establece un límite para cada categoría. Te aconsejo que te bases para esto en los meses de menos abuncancia, así cuando lleguen, sabrás cuánto te puedes ajustar.

2. La Caja de Ahorros Mágica

Aquí está el truco: crea una caja de ahorros. No importa si es una hucha real o una cuenta bancaria virtual. Cuando lleguen esos meses de abundancia, guarda guarda el dinero que te ha sobrado de tu presupuesto, aquel que basaste en los meses de menos ingresos, o al menos una parte, para cuando lleguen las vacas flacas. Es como tener un paraguas listo para los días lluviosos, ¡pero en forma de dinero!

3. Diversifica tus Fuentes de Ingresos

¿Recuerdas las estrategias de monetización de las que hablamos en el capitulo 5? Pues bien, no confíes en una sola fuente de ingresos. Es hora de abrir las alas y volar hacia la diversificación. Si confías solo en una plataforma o en un solo tipo de ingreso, ¡puedes encontrarte en problemas si esa plataforma cambia su algoritmo o tu nicho pierde popularidad! Amplía tus horizontes y asegúrate de tener varias fuentes de ingresos.

Estrategias para una Estabilidad Financiera

¿Estás listo para poner en marcha esas estrategias geniales para mantenerte en la cima de tu juego financiero, sin importar si estás en la montaña o en el valle? ¡Aquí vamos!

1. El Fondo de Emergencia Relajado

Un fondo de emergencia suena serio, pero no tienes que ser un banquero para tener uno. Guarda una pequeña cantidad de tus ingresos en un fondo de emergencia. Llámalo tu fondo "Oh-no, la lavadora se ha roto otra vez". Así, cuando lleguen los momentos inesperados (y créeme, lo harán), tendrás un salvavidas listo.

2. La Estrategia de la Aduana

Imagina que eres un inspector de aduanas para tus gastos. Cuando llegue un gasto inesperado, en lugar de dejarlo pasar sin control, pregúntate: "¿Puede entrar en mi país de gastos?" Si no pasa la inspección, podría ser momento de esperar un poco o de buscar alternativas más económicas.

3. La Magia del Seguro y los Planes de Jubilación

No, no estamos hablando de planes de jubilación a lo abuelito, estamos hablando de protegerte contra las tormentas financieras. Un buen seguro de salud y un plan de jubilación te brindan un colchón de seguridad en caso de emergencias médicas o cuando finalmente decidas que es hora de retirarte de tu carrera de creador de contenido.

4. El Arte de la Negociación

La negociación es como un juego, ¡y tú tienes que ser el campeón! Ya sea en colaboraciones, tarifas o acuerdos comerciales, no dudes en negociar. No te conformes con menos de lo que mereces. ¡Eres valioso y tu contenido también lo es!

5. Un Aprendizaje Constante en Finanzas Personales

Las finanzas personales no son una materia que aprendiste en la escuela, pero es hora de inscribirte en la universidad de la vida y tomar algunas lecciones. Leer libros, seguir a expertos en finanzas en las redes sociales y estar al tanto de las tendencias económicas te ayudará a tomar decisiones más inteligentes. Y quiero que tu economía prospere, te facilito algunos títulos de los que podrás obtener más información. Si el inglés no es lo tuyo, haz una búsqueda en internet y encontrarás las versiones español:

1. "Total Money Makeover: A Proven Plan for Financial Fitness" por Dave Ramsey: Dave Ramsey es conocido por su enfoque práctico y directo en la administración del dinero. En este libro, ofrece un plan paso a paso para salir de deudas, construir un fondo de emergencia y tomar el control de tus finanzas personales.

2. "Your Money or Your Life: 9 Steps to Transforming Your Relationship with Money and Achieving Financial Independence" por Vicki Robin y Joe Dominguez: Este libro se centra en cambiar la relación con el dinero y alcanzar la independencia financiera. Ofrece un enfoque holístico que abarca desde la gestión del dinero hasta la búsqueda de un mayor significado y propósito en la vida.

3."The Millionaire Next Door: The Surprising Secrets of America's Wealthy" por Thomas J. Stanley y William D. Danko: A través de investigaciones y estudios, este libro analiza los hábitos financieros de personas ricas y muestra cómo la mayoría de los millonarios no tienen estilos de vida extravagantes. Proporciona ideas sobre cómo vivir por debajo de tus medios y acumular riqueza a lo largo del tiempo.

4."The Richest Man in Babylon" por George S. Clason: Aunque mencionado anteriormente, este libro se centra en principios financieros fundamentales presentados en forma de parábolas de la antigua Babilonia. Ofrece consejos prácticos sobre cómo administrar el dinero, establecer presupuestos y vivir de manera financieramente responsable.

5. "I Will Teach You to Be Rich" por Ramit Sethi: En este libro, Ramit Sethi ofrece consejos prácticos y directos sobre cómo administrar el dinero, desde establecer metas financieras hasta automatizar tus finanzas y tomar decisiones inteligentes de gasto. Su enfoque es pragmático y diseñado para los jóvenes adultos que buscan mejorar su situación financiera.

Estos libros se centran en aspectos clave de las finanzas personales, como la administración del dinero, el ahorro y la gestión del presupuesto. Cada uno ofrece consejos valiosos para mejorar tus hábitos financieros y construir una base sólida para el futuro.

Tu Montaña Rusa, Tu Aventura Financiera

Enfrentar las montañas y los valles de ingresos no es un juego de niños, pero con la actitud correcta, puedes hacerlo con estilo. Mantén un presupuesto razonable, diversifica tus fuentes de ingresos y aprende a negociar como un jefe. ¡Y recuerda, siempre mantén tu sentido del humor en la cima de tu montaña rusa financiera!

9. ADAPTÁNDOTE A LAS PREFERENCIAS CAMBIANTES: BAILANDO AL RITMO DE LAS TENDENCIAS Y MANTENIÉNDOTE FRESCO EN EL JUEGO

¡Hola, intrépidos creadores de contenido y empresarios digitales! ¡Bienvenidos al capítulo 9, donde hablaremos sobre cómo mantener tus dedos en el pulso de las preferencias cambiantes en el vertiginoso mundo de las redes sociales! Si alguna vez has sentido que las tendencias te pasan por encima como un huracán, ¡prepárate para abrazar el cambio y aprender cómo mantenerte relevante sin sudar la gota gorda!

Detectando Tendencias y Cambios en la Audiencia

¿Te has preguntado alguna vez cómo es que algunas personas siempre parecen estar un paso adelante en las redes sociales? No, no tienen una bola de cristal mágica, simplemente saben cómo detectar las tendencias antes de que se conviertan en el próximo meme viral. Si te preguntas cómo hacerlo, aquí tienes algunas claves para ser el siguiente gurú de las tendencias:

1. Stalkea con Estilo

Nadie dijo que espiar estaba mal cuando se trata de mantenerse al día con las tendencias. Sí, amigo mío, te animamos a stalkear las redes sociales como un profesional. Sigue a personas influyentes, mira lo que está en los titulares de las noticias y observa qué está de moda en tu nicho. ¡No te preocupes, estamos en la era de la información! Si sigues estos 5 sencillos pasos lo tendrás más facil para empezar a stalkear con éxito:

Paso 1: Identifica tus Objetivos

Antes de comenzar a "stalkear", determina qué información estás buscando. ¿Quieres conocer las tendencias en tu nicho? ¿Estás investigando a la competencia? ¿Deseas conocer mejor a tu audiencia? Definir tus objetivos te ayudará a enfocarte y obtener resultados más relevantes.

Paso 2: Sigue a Personas Relevantes

Empieza por seguir a personas influyentes en tu nicho, marcas relevantes y cuentas de interés. Pueden ser creadores de contenido, expertos en la industria o incluso competidores directos. Mantén un equilibrio entre cuentas individuales y empresas para obtener una visión completa.

Paso 3: Examina sus Publicaciones

Explora las publicaciones recientes de las cuentas que estás siguiendo. Observa los tipos de contenido que están compartiendo, las tendencias que están promoviendo y las interacciones que generan. Presta atención a las publicaciones más populares y a los temas de conversación recurrentes.

Paso 4: Analiza sus Seguidores y Comentarios

Revisa los seguidores de estas cuentas para entender mejor a quién están llegando. Observa también los comentarios en sus publicaciones para identificar qué preguntas hacen, qué opiniones expresan y qué temas les interesan. Esto te dará una idea de la audiencia y sus preferencias.

Paso 5: Utiliza Herramientas de Rastreo

Existen herramientas en línea que pueden ayudarte a rastrear hashtags, menciones y tendencias en las redes sociales. Utiliza estas herramientas para mantener un ojo en lo que está ocurriendo en tiempo real. Algunas aplicaciones populares incluyen Hootsuite, TweetDeck y Google Alerts.

Recuerda siempre respetar la privacidad de las personas y no cruzar límites éticos. Evita buscar información personal sensible o acosar a otras personas en línea. La idea es obtener información relevante de manera respetuosa y útil para tu estrategia en las redes sociales. ¡Ahora estás listo para "stalkear" con estilo y mantenerte al tanto de las tendencias!

2. Escucha a tus Fieles Seguidores

¿Sabes quiénes son tus verdaderos gurús? ¡Tus seguidores! Escucha sus comentarios, preguntas y sugerencias. Si ves una tendencia emergente que resuena con ellos, ¡ese podría ser tu próximo movimiento genial! Además, al involucrar a tus seguidores, les demuestras que te importa su opinión, ¡y eso es ganar-ganar!

3. Siempre en Modo Aprendizaje

El mundo digital es como una montaña rusa de cambios constantes. Entonces, mantén tu sombrero de estudiante y nunca dejes de aprender.

Participa en seminarios web, cursos en línea y talleres para mantenerte al tanto de las últimas tendencias y tecnologías en constante evolución. Aquí te dejo algunas ideas para encontrar esa formación que necesitas para no quedarte desfasado:

a) Plataformas de Aprendizaje en Línea:

• **Udemy:** Ofrece una amplia variedad de cursos sobre redes sociales, desde principiantes hasta avanzados. Puedes filtrar por nivel de habilidad, duración y calificaciones de los estudiantes.

• **Coursera:** Colabora con universidades y organizaciones para ofrecer cursos en línea sobre marketing en redes sociales y tecnologías digitales.

• **LinkedIn Learning:** Anteriormente conocido como Lynda, ofrece cursos sobre una amplia gama de temas, incluidas las redes sociales y el marketing digital.

• **Skillshare:** Plataforma que se centra en clases prácticas y creativas, con muchos cursos sobre estrategias de redes sociales y creación de contenido.

b) Eventos en Línea y Webinars:

• **Eventbrite:** Busca webinars y eventos en línea relacionados con el marketing en redes sociales. Muchos profesionales y expertos organizan charlas y seminarios virtuales.

c) Redes Sociales y Blogs de Expertos:

• **Sigue a Expertos en Redes Sociales:** Muchos expertos en marketing y redes sociales ofrecen contenido gratuito en sus redes sociales y blogs. Síguelos para obtener consejos y actualizaciones.

• **Sesiones en Vivo:** Algunos expertos realizan sesiones en vivo en plataformas como Instagram o Facebook para hablar sobre las últimas tendencias y responder preguntas.

d) Recursos de Asociaciones Profesionales:

• **Social Media Examiner:** Una plataforma líder en marketing de redes sociales que ofrece contenido, webinars y una conferencia anual llamada

"Social Media Marketing World".

• **Buffer:** Además de ser una herramienta de programación de redes sociales, Buffer también ofrece blogs, webinars y guías gratuitas sobre marketing en redes sociales.

e) Programas de Certificación:

• **HubSpot Academy:** Ofrece cursos en línea y certificaciones en marketing digital y redes sociales.

• **Facebook Blueprint:** Ofrece cursos y certificaciones en publicidad y marketing en Facebook e Instagram.

• **Google Digital Garage:** Ofrece cursos gratuitos sobre marketing en línea, incluidos aspectos relacionados con las redes sociales.

Flexibilidad para Mantenerse Relevante

¡Estás bailando en la pista de baile digital y la música cambia de ritmo en un abrir y cerrar de ojos! Mantén tus pasos frescos y tus movimientos fluidos siguiendo estos consejos para mantener la flexibilidad en un mundo en constante cambio:

1. Abraza el Cambio como tu Compañero de Baile.

¿Qué es más divertido que bailar solo en una canción? ¡Baila en todas las canciones! No te aferres a lo que funcionó en el pasado. Abraza el cambio y experimenta con nuevas ideas, formatos y enfoques. Si estás dispuesto a cambiar tu enfoque, estás listo para la pista de baile de las tendencias cambiantes.

2. Experimenta como un Científico Loco.

¿Recuerdas a ese científico loco en las películas que intentaba experimentos locos? Bueno, ¡tú eres ese científico en el mundo digital! Prueba diferentes tipos de contenido, horarios de publicación y enfoques. Analiza los resultados y ajusta tu estrategia en consecuencia. ¡El experimento es la clave para descubrir lo que funciona mejor para ti y tu audiencia!

3. Colabora y Conquista.

Si la flexibilidad es tu traje de baile, la colaboración es tu pareja perfecta en la pista. Colaborar con otros creadores, influencers o marcas te permite combinar tu estilo único con nuevas perspectivas. Además, es una excelente manera de llegar a audiencias frescas y mantenerte relevante.

4. Mantén la Oreja en el Suelo para las Señales del Cambio.

Las señales del cambio están en todas partes, como el olor a palomitas en el cine. Mantén los ojos abiertos para las nuevas aplicaciones, tecnologías emergentes y cambios en la cultura pop. Cuando detectas una señal del cambio, ¡corre hacia ella con entusiasmo!

Baila al Ritmo de las Tendencias

Detectar tendencias y mantenerse flexible es como ser el alma de la fiesta en el mundo de las redes sociales. Escucha a tus seguidores, abraza el cambio y experimenta como un científico loco. ¡Mantén tus movimientos frescos y prepárate para brillar en la pista de baile de las tendencias cambiantes!

10. CREATIVIDAD E INNOVACIÓN: DESATA TU GENIO CREATIVO Y REVOLUCIONA TU MONETIZACIÓN

Si estás listo para llevar tus contenidos y estrategias de monetización al siguiente nivel, ¡has llegado al capítulo correcto! En este emocionante viaje, vamos a sumergirnos en las aguas frescas de la creatividad y explorar territorios inexplorados de la innovación. Así que ponte tus gafas de inventor loco y prepárate para sorprender al mundo.

Fomentando la Creatividad en tu Contenido

¿Te has sentido alguna vez como si estuvieras atrapado en una rutina creativa? No temas, eso le pasa a los mejores. Pero aquí vamos a sacudir esas telarañas y encender la chispa de la creatividad como nunca. ¡Listos para el espectáculo de luces y fuegos artificiales creativos?

1. Rompe las Reglas (De Manera Creativa)

Las reglas están para romperse, pero ¡de una manera totalmente creativa! No temas desafiar la norma y crear contenido que rompa las expectativas.

✓ **Sorprende con un Giro Inesperado:**

Rompe las expectativas al darle un giro inesperado a tu contenido. Si todos están haciendo lo mismo, haz algo completamente diferente. Por ejemplo, si estás en el nicho de la cocina, en lugar de publicar una receta tradicional, podrías compartir una versión extravagante y fuera de lo común de un plato clásico.

✓ **Juega con los Formatos:**

Experimenta con diferentes formatos de contenido. Si normalmente compartes fotos, intenta con un video corto y dinámico. Si sueles escribir publicaciones largas, desafíate a crear una historia en una serie de imágenes. La variedad de formatos puede captar la atención de diferentes tipos de audiencia.

✓ **Abraza el Humor y la Ironía:**

El humor puede ser una herramienta poderosa para romper las normas. Usa memes, juegos de palabras ingeniosos o imágenes divertidas que se relacionen con tu contenido. El toque de humor puede humanizar tu marca y atraer a personas que buscan entretenimiento.

✓ Cuenta Historias Personales Únicas:

Comparte historias personales que resalten tus experiencias únicas y auténticas. Pueden ser momentos divertidos, lecciones aprendidas o desafíos superados. Las historias personales te ayudan a conectarte con tu audiencia de manera genuina y memorable.

✓ Pregunta a tu Audiencia por Opiniones:

Invita a tu audiencia a participar en tus decisiones creativas. Pregunta qué tipo de contenido les gustaría ver o qué temas les interesan. Involucrar a tus seguidores en la creación de contenido no solo rompe las normas, sino que también construye una comunidad más comprometida.

✓ Usa Contrastes Impactantes:

Combina elementos contrastantes en tu contenido para crear impacto. Puedes combinar colores llamativos, temas opuestos o incluso ideas contradictorias para generar curiosidad y emoción.

✓ Aborda Temas Controversiales con Sensibilidad:

Siempre con respeto y sensibilidad, puedes abordar temas controvertidos desde una perspectiva única. Ofrecer una visión equilibrada y una oportunidad para la reflexión puede abrir conversaciones significativas.

✓ Atrévete a Ser Vulnerable:

Mostrar tu lado vulnerable puede ser una forma poderosa de romper las normas. Comparte tus desafíos, miedos y momentos de duda. La autenticidad puede generar una conexión más profunda con tu audiencia.

✓ Crea Preguntas Retóricas Intrigantes:

Publica preguntas retóricas que inciten a tus seguidores a pensar y responder. Esto puede generar discusiones interesantes en los comentarios y mantener a tu audiencia comprometida.

✓ **Experimenta con la Edición Visual:**

Siempre que sea coherente con tu estilo, juega con la edición visual. Usa filtros, efectos, colores o montajes inusuales para darle a tus imágenes y videos un toque único y llamativo.

Recuerda que la clave es encontrar formas creativas de expresarte que sean auténticas y coherentes con tu marca. No temas probar cosas nuevas y ver cómo responde tu audiencia. ¡La innovación y la originalidad te ayudarán a destacar en el bullicioso mundo de las redes sociales!

2. Abraza la Diversidad de Formatos

No te limites a un solo formato. Combina texto, imágenes, videos, infografías e incluso memes ingeniosos. A veces, la forma en que presentas tu contenido puede ser tan impactante como el propio contenido.

3. ¡Historias, Historias y Más Historias!

La narración es tu arma secreta. Cuéntales historias a tus seguidores, ya sea sobre tus desafíos, tus éxitos o tus momentos más extraños. La gente ama las historias auténticas que puedan relacionar. ¡Haz que se sientan como si estuvieran en una película de Hollywood dirigida por ti!

Explorando Nuevas Ideas e Innovaciones en Monetización

¿Cansado de las mismas viejas estrategias de monetización? Aquí vamos a bucear en las profundidades del océano de la innovación y desenterrar tesoros que ni siquiera sabías que existían. ¡Prepárate para cambiar el juego de la monetización!

1. Repiensa las Fuentes de Ingresos

¿Estás atrapado en una única fuente de ingresos? ¡Es hora de romper esas cadenas! Ya hablamos en capitulos anteriores de las diferentes fuentes de ingresos que existen en el mundo de las redes sociales, pero ahora se trata de explorar nuevas formas de ganar dinero en línea o de cómo darles un nuevo enfoque para crear algo totalmente nuevo. ¿Podrías ofrecer servicios exclusivos a tus seguidores más leales? ¿Quizás podrías lanzar un producto que complemente tu contenido?

2. Sumérgete en el Mundo de las Membresías

Las membresías no son solo para clubes exclusivos. Ofrece a tus seguidores la posibilidad de unirse a una membresía premium donde accederán a contenido exclusivo, descuentos especiales o incluso eventos virtuales en vivo.

3. Experimenta con la Realidad Aumentada y la Realidad Virtual

¡Bienvenido al futuro! La realidad aumentada (AR) y la realidad virtual (VR) están aquí para quedarse. Explora cómo puedes incorporar estas tecnologías en tu contenido y monetización. ¡Imagina que tus seguidores puedan interactuar contigo como si estuvieran en la misma habitación!

4. La Magia de las Colaboraciones Inusuales

No pienses solo en colaboraciones con otros creadores. ¡Piensa en grande! Colabora con marcas fuera de tu nicho. ¿Qué tal una colaboración entre un creador de fitness y una marca de alimentos saludables? ¡Las colaboraciones inusuales pueden sorprender y atraer nuevas audiencias!

5. Crea tu Propia Plataforma

Si estás listo para un nivel avanzado de innovación, considera la posibilidad de crear tu propia plataforma en línea. Puede ser un espacio donde tus seguidores puedan interactuar, comprar productos y acceder a contenido exclusivo, todo en un solo lugar.

El Mundo es tu Lienzo Creativo e Innovador

La creatividad y la innovación son como una explosión de colores en el cielo nocturno: deslumbrantes y llenas de posibilidades. Rompe las reglas, explora nuevas formas de monetización y no tengas miedo de experimentar. ¡El mundo digital es tu lienzo y tú eres el artista maestro!

11. SUPERANDO DESAFÍOS TÉCNICOS: PORQUE LOS PROBLEMAS TÉCNICOS SON SÓLO OPORTUNIDADES DE APRENDIZAJE (Y UN POCO DE RISA)

¡Eh, amantes de la tecnología y aventureros digitales! Bienvenidos a la travesía del capítulo 11, donde vamos a abordar esos molestos desafíos técnicos con una actitud relajada y un toque de humor. Así que prepárate para enfrentar el código, los servidores y las complicaciones técnicas con confianza y una sonrisa en la cara.

Enfrentando Desafíos Técnicos en la Monetización

¿Te has encontrado en medio de un caos tecnológico? ¡No te preocupes, es normal! La monetización puede traer consigo una montaña rusa de problemas técnicos, pero no dejes que eso te detenga. Aquí hay algunas maneras de enfrentarlos con gracia:

1. ¡Respira! La Investigación es tu Mejor Amigo:

Cuando te enfrentas a un problema técnico, antes de entrar en pánico, adopta el modo de investigador curioso. Google será tu mejor amigo y los foros en línea tu refugio. Seguro encontrarás a alguien que ya lidió con ese desafío y puede ofrecer una solución ingeniosa.

2. No Eres un Programador, y Eso Está Bien:

Si el código se siente como un idioma extraterrestre, está bien. No tienes que ser un maestro de la programación. Aprende lo básico y, si el problema es realmente complejo, considera contratar a un profesional. ¡Libérate y deja que ellos resuelvan el misterio del código por ti!

3. Haz un Meme, Relájate:

Cuando las cosas se pongan difíciles, dale un giro humorístico. Encuentra un meme relacionado con problemas técnicos y compártelo en tus redes sociales. No sólo te reirás un poco, sino que también tus seguidores se sentirán identificados.

Soluciones Prácticas para Problemas Técnicos Comunes

Aquí vienen los héroes: soluciones prácticas para problemas técnicos que a menudo nos hacen arrancarnos el pelo. ¡Pero no esta vez!

1. ¿Dónde Estás, Página 404?:

¿Alguna vez te has topado con esa misteriosa y frustrante página 404? Es como si te hubieras perdido en el ciberespacio sin señales de vida. Pero tranquilo, en esta loca odisea digital, la solución está en la personalización.

En lugar de dejar que la página 404 sea un callejón sin salida deprimente, conviértela en una experiencia amigable y divertida. Crea una página de error 404 que haga reír a tus visitantes en lugar de hacerlos huir. Agrega un toque de humor con un mensaje como "¡Oops, parece que los unicornios digitales se llevaron esta página por un paseo! ¡Vuelve a la realidad haciendo clic en el botón de inicio!".

Recuerda, incluso los sitios web necesitan sus momentos perdidos. Así que, ¡aborda la aventura de la página 404 con creatividad! Transforma esa experiencia frustrante en un encuentro divertido y memorable con tu marca. Después de todo, si vas a perderse en el ciberespacio, ¡que sea con una sonrisa en el rostro!

2. El Servidor Hizo una Pausa:

A veces puede pasar que el servidor decida ponerse a jugar al escondite en el peor momento. Es como si decidiera tomar un respiro justo cuando estás a punto de deslumbrar a tus seguidores. Pero no te preocupes, porque en esta emocionante travesía digital, tenemos la solución perfecta: ¡mantén la calma y agrega una dosis de diversión a la situación!

En lugar de entrar en pánico cuando el servidor hace de las suyas, canaliza tu superpoder de manejo de crisis. Utiliza tus redes sociales para comunicarte con tus seguidores y mantenerlos en el bucle. Comparte un GIF gracioso que refleje tu reacción cuando el servidor decide tomarse un descanso. Y aquí viene la parte ingeniosa: mientras esperas que el servidor vuelva a estar en forma, lanza una oferta relámpago que haga que tus seguidores se olviden de la pausa técnica y se sumerjan en una oferta irresistible.

Recuerda, incluso en los momentos de caos tecnológico, tienes el control. ¡Mantén la calma, diviértete y convierte el caos momentáneo en una oportunidad de mantener a tu comunidad entretenida y comprometida! ¡Desafía a ese servidor travieso con tu estilo desenfadado y creativo!

3. El Caso del Pago Perdido:

Problemas con el sistema de pago, ¡la pesadilla de los emprendedores digitales! Ofrece disculpas con estilo y presenta opciones alternativas de pago mientras solucionas el problema. No te preocupes, tu comunidad entenderá que los robots también tienen sus días malos. Por si no te viene ninguna idea a la cabeza, aquí te dejo tres formas de pago que son habituales en redes sociales. Si la que normalmente utilizas falla, siempre puedes proponer alguna de las otras:

Plataformas de Pago Integradas: Utiliza plataformas de pago integradas en las redes sociales, como Facebook Shop o Instagram Checkout, para permitir a los seguidores comprar productos directamente desde tus publicaciones y perfiles.

Enlaces de Pago en la Biografía: Agrega enlaces de pago en la biografía de tus perfiles, lo que permite a los seguidores hacer compras o donaciones con un solo clic.

Pasarelas de Pago Externas: Utiliza servicios de pasarelas de pago externas, como PayPal o Stripe, para procesar pagos de productos, servicios o membresías que ofrezcas a través de tus redes sociales.

4. Notificaciones en el Momento Equivocado:

¿Y si tu móvil se pone jugetón y decide comenzar a mandarte

notificaciones en el peor momento posible? No te preocupes, en esta emocionante aventura digital, tenemos la solución perfecta para lidiar con estas interrupciones cómicas: ¡abrazar el caos con una gran dosis de diversión!

En lugar de dejarte frustrar por esas notificaciones inoportunas, conviértelas en parte del espectáculo. Comparte el momento en tus redes sociales, acompañado de un comentario gracioso como "Incluso la tecnología quiere estar en el centro de atención en mis videos en vivo. ¡Bien jugado, notificaciones, bien jugado!". Al mostrar tu sentido del humor, no solo conviertes un momento incómodo en algo divertido, sino que también mantienes a tu audiencia entretenida.

Recuerda, la vida en línea es impredecible y las notificaciones pueden aparecer en el momento menos esperado. Pero tú tienes el poder de tomar el control y transformar el caos en una oportunidad de risas. ¡Desafía a esas notificaciones traviesas con tu estilo relajado y tu capacidad para convertir incluso los momentos más inoportunos en algo digno de compartir!

¡Eres un Héroe de la Tecnología!

Los desafíos técnicos no son rivales invencibles. Con el enfoque correcto, una pizca de paciencia y un buen sentido del humor, ¡puedes enfrentarlos y superarlos como el héroe digital que eres!

12. SORTEANDO DESAFÍOS EMOCIONALES: PORQUE TU BIENESTAR ES TAN IMPORTANTE COMO TUS LIKES

¡Saludos, intrépidos navegantes de las emociones en la era digital! En este capítulo, estamos preparados para abordar los desafíos emocionales que pueden surgir mientras navegas por las aguas tumultuosas de las redes sociales. Desde la siempre presente presión de los números hasta los desalentadores comentarios negativos, vamos a explorar cómo mantener tu bienestar emocional intacto mientras mantienes tu presencia en línea. ¡Así que prepárate para un viaje emocionante y lleno de empoderamiento!

Superando la Presión del Número de Seguidores: Más que un Simple Conteo

¿Te has sorprendido alguna vez revisando constantemente el número de seguidores y dejando que tu autoestima dependa de si sube o baja? No eres el/la único/a en esta aventura. En una era donde los números se muestran frente a nosotros como un medidor constante de popularidad, es fácil sentir que tu valía está ligada a cuántos te siguen.

Pero aquí tienes una verdad reveladora: tu valía no se mide en números. No eres solo la suma de tus seguidores en las redes sociales. En lugar de obsesionarte con aumentar esa cifra, dirige tu atención hacia la calidad de la conexión que tienes con tu comunidad. Interactúa con ellos, escucha sus historias, responde sus preguntas y crea contenido que genuinamente les importe. Recuerda, cada seguidor es una persona real con su propia historia y no solo un número en una pantalla. Si con esto no es suficiente, entonces echa un ojo a estas 5 claves:

1. Céntrate en la Calidad, no en la Cantidad: En lugar de obsesionarte con la cantidad de seguidores, enfócate en construir conexiones genuinas y significativas. Interactúa con tu audiencia, responde a sus comentarios y crea contenido que resuene con ellos. La calidad de la relación que tienes con tus seguidores es mucho más valiosa que una cifra en la pantalla.

2. Define tu Propósito: Recuerda por qué empezaste en las redes sociales en primer lugar. Define tus metas y propósito más allá de los números. Pregúntate qué tipo de impacto deseas tener en la vida de tus seguidores y en qué formas puedes enriquecer sus vidas.

3. Celebra los Pequeños Logros: En lugar de enfocarte únicamente en alcanzar un gran número de seguidores, celebra cada hito y logro en el camino. Cada nuevo seguidor es un paso hacia adelante, y cada interacción positiva es una razón para celebrar.

4. Desconéctate de las Métricas: De vez en cuando, desconéctate de las métricas y números en pantalla. Permítete disfrutar de las redes sociales sin la presión de estar constantemente observando las cifras. Recuerda que tu valía no está determinada por los números en tu perfil.

5. Practica la Gratitud: En lugar de enfocarte en lo que aún no tienes, practica la gratitud por lo que ya tienes. Agradece a tus seguidores por su apoyo, celebra las conexiones que has hecho y recuerda que cada persona que te sigue es alguien que valora lo que compartes.

Recuerda que las redes sociales son solo una pequeña parte de tu vida, y tu valía va más allá de los números en pantalla. Mantén una perspectiva equilibrada y prioriza tu bienestar emocional por encima de la presión de los seguidores.

Cultivando Resiliencia ante Comentarios Negativos: El Escudo de la Resiliencia Emocional

¿Alguna vez has sentido que un comentario negativo ha arruinado tu día? ¡Oh, la magia de los comentarios en línea! En un mundo donde todos tienen una plataforma para expresar sus opiniones, es prácticamente inevitable toparse con comentarios desagradables. Pero aquí está la estrategia clave: desarrollar resiliencia emocional.

La próxima vez que te enfrentes a un comentario negativo, respira hondo antes de dejarte llevar por la emoción. Evalúa si el comentario contiene algún elemento constructivo que puedas utilizar para mejorar. Si es solo una crítica infundada o un intento de generar negatividad, ¡sacúdete el polvo digital! Cultivar la resiliencia emocional te permitirá tomar el control de cómo te afectan las palabras en línea. ¿Que cómo lo haces? Aquí tienes otros 5 consejos. Presta atención:

1. **Mantén la Perspectiva:** Recuerda que los comentarios negativos son solo una parte pequeña de la imagen completa. No permitas que una crítica o comentario desagradable eclipse todas las interacciones positivas que tienes en línea. Mantén una perspectiva equilibrada y no dejes que un comentario negativo afecte tu autoestima.

2. **Evalúa con Objetividad:** Antes de tomar un comentario negativo de manera personal, evalúa su validez con objetividad. Pregunta si la crítica contiene algún elemento constructivo que puedas utilizar para mejorar. Si no es así y parece ser simplemente una opinión negativa, considera si vale la pena dedicarle tu energía.

3. **Responde con Empatía:** Si decides responder a un comentario negativo, hazlo con empatía y respeto. Evita caer en discusiones o enfrentamientos. Responder con calma y profesionalismo puede ayudar a desactivar la situación y mostrar que estás dispuesto/a a mantener un diálogo constructivo.

4. **Construye tu Resiliencia:** Cultiva la resiliencia emocional para que los comentarios negativos no te afecten de manera duradera. Reconoce tus emociones, permítete sentir lo que sientes y luego busca formas saludables de manejar esas emociones. Practicar la resiliencia te ayudará a recuperarte más rápido de los impactos negativos.

5. **Enfócate en lo Positivo:** En lugar de quedarte atrapado/a en los

comentarios negativos, dirige tu atención hacia los aspectos positivos. Lee los mensajes de apoyo y cariño que recibes, y recuerda las interacciones en línea que te han hecho sentir bien. Mantén una lista mental de los momentos positivos para contrarrestar los efectos de los comentarios negativos.

Recuerda, tú decides qué comentarios merecen tu atención y cuáles son solo ruido en el vasto océano virtual.

Tu Bienestar es una Prioridad

En esta travesía a través del mundo digital, es fundamental recordar que tu bienestar emocional es una prioridad. La presión de los números y los comentarios negativos pueden afectar tu autoestima y alterar tu estado de ánimo. Sin embargo, es crucial internalizar que eres más que tus likes, seguidores y comentarios.

Eres un ser humano completo, con pasiones, talentos y un valor innegable. Tu valía no se reduce a la cantidad de atención que recibes en línea. Es acerca de cómo te sientes contigo mismo/a y cómo generas un impacto positivo en la vida de los demás. Mantén una perspectiva saludable, comprende que está bien tener altibajos emocionales y recuerda siempre que mereces amor y respeto, tanto en el mundo digital como en el mundo real.

¡No permitas que los desafíos emocionales te arruinen la diversión de estar en línea! A medida que navegas por los altibajos de las redes sociales, recuerda que eres más que tus números y que tienes la capacidad de mantener una salud emocional sólida. ¡Hasta el próximo capítulo, defensores del equilibrio emocional en el mundo virtual!

13. EQUILIBRANDO CONTENIDO Y PROMOCIÓN: UN BAILE ENTRE LO PERSONAL Y LO PROMOCIONAL

¡Hey, estrellas del escenario digital! En este capítulo, estamos a punto de desentrañar el secreto mejor guardado para mantener a tu audiencia enganchada y emocionada en tus redes sociales. Es el arte de encontrar el equilibrio perfecto entre el contenido personal, que muestra tu lado humano y auténtico, y el contenido promocional, que presenta tus productos o servicios. ¿Preparados para hacer un espectáculo digno de ovación? ¡Vamos a ello!

Encontrando el Punto Ideal entre Personal y Promocional: Una Coreografía Encantadora

Imagina tus redes sociales como un escenario de baile, donde tú eres la estrella principal. De un lado, tienes el emocionante paso del contenido personal. Aquí es donde compartes tus aventuras, pasiones y hasta los momentos tontos que hacen que tus seguidores se sientan como si te conocieran personalmente. Del otro lado, está el paso promocional, donde brillan tus productos y servicios, listos para tomar el centro del escenario. Ahora, el truco está en combinar estos dos pasos con la elegancia de un bailarín profesional.

El secreto es la proporción. No quieres que tu audiencia sienta que está atrapada en un anuncio interminable, pero tampoco quieres que olviden lo que ofreces. Aquí está el truco: mantén un ritmo de aproximadamente 80-20 o 70-30, con la mayor parte de tu contenido dedicado a lo personal y una pizca justa de contenido promocional para darle sabor.

Estrategias para un Equilibrio Efectivo: El Tango del Contenido

1. **Historias que Conectan:** La mejor manera de equilibrar lo

personal y promocional es compartiendo historias auténticas. Deja que tu audiencia entre en tu mundo con anécdotas, experiencias y momentos detrás de escena. Hacer que te vean como una persona real crea conexiones genuinas.

2. **El Arte de la Educación:** Agrega valor educativo a tu mezcla de contenido. ¿Ofreces productos o servicios útiles? Comparte consejos, tutoriales y trucos para mostrar que estás aquí para ayudar y no solo para vender.

3. **Contenido Entretenido:** Mantén a tus seguidores en vilo con un toque de entretenimiento. Memes ingeniosos, videos divertidos o encuestas creativas pueden alegrar sus días y romper la monotonía.

4. **Testimonios y Casos de Éxito:** Cuando sea momento de promocionar, deja que tus clientes felices hablen por ti. Comparte testimonios y casos de éxito auténticos para mostrar cómo has hecho una diferencia real en la vida de las personas.

5. **Promociones con Estilo:** Y ahora, el momento de la verdad, las promociones. Pero no te conviertas en un vendedor ambulante. En su lugar, crea anuncios llamativos y originales que se mezclen con tu contenido general. Muestra cómo tus productos o servicios resuelven problemas o mejoran la vida de tus seguidores.

En el Piso de Baile del Equilibrio: Un Espectáculo Inolvidable

La clave para mantener a tu audiencia cautivada es encontrar el equilibrio entre lo personal y lo promocional. No se trata de alejarte de la promoción, sino de abrazarla con estilo. Con la proporción correcta y un enfoque creativo, crearás un espectáculo que deje a tu audiencia aplaudiendo por más. Entonces, ajusta tus pasos, perfecciona tu coreografía digital y ¡prepárate para llevar a tus seguidores en un emocionante viaje de contenido y promoción! ¡Hasta el próximo capítulo, maestros del equilibrio en las redes sociales!

14. ESTRATEGIAS PARA RESULTADOS DURADEROS

Es hora de arrojar luz sobre la importancia de construir resultados duraderos en tus aventuras de monetización en las redes sociales. Porque, admitámoslo, todos amamos un poco de acción rápida, pero cuando se trata de construir algo sólido y sostenible, ¡no hay atajos que valgan! Así que ponte cómodo/a y prepárate para descubrir cómo crear una estrategia que te lleve más allá del próximo boom viral.

Evitando Atajos y Enfoques Rápidos: El Peligro de las Soluciones Instantáneas

Todos hemos oído hablar de las historias de éxito que parecen haber aparecido de la nada durante la noche. Pero detrás de cada "éxito instantáneo" hay una montaña de trabajo duro y esfuerzo que rara vez se ve. En un mundo obsesionado con la gratificación instantánea, es tentador buscar atajos para llegar a la cima. Pero aquí hay una verdad incómoda: los atajos a menudo te llevan a callejones sin salida.

El famoso "hack" que promete miles de seguidores en un día o la táctica que promete duplicar tus ingresos en una semana pueden parecer atractivos, pero ¿a qué costo? En lugar de perseguir soluciones rápidas, enfréntate a la realidad: el éxito duradero no se trata de un destello, sino de un viaje constante de aprendizaje, adaptación y crecimiento.

Construyendo una Estrategia Sostenible: Más Allá del Boom y el Estallido

El secreto para resultados duraderos es construir una estrategia sólida y sostenible. Deberás seguir una serie de pasos para crear una base que te lleve más allá de los altibajos de las tendencias y los estallidos virales:

Investigación y Planificación: Comienza investigando tu nicho, tu audiencia y las tendencias de tu industria. Define tus objetivos y crea un plan estratégico a largo plazo que aborde cómo llegarás a donde quieres estar. Esto es básicamente lo que tratábamos en el primer capitulo.

Conviene que lo tengas a mano cuando empieces a construir esa estrategia.

Contenido Valioso y Consistente: La consistencia es clave. Crea contenido de calidad que resuene con tu audiencia y se alinee con tus valores y voz única. No se trata solo de la cantidad, sino de la relevancia y el valor que aporta a tu comunidad.

Diversificación de Ingresos: No pongas todos tus huevos en una sola canasta. Explora diferentes fuentes de ingresos, desde ventas de productos hasta afiliaciones y colaboraciones. Diversificar te ayuda a mitigar los riesgos y mantener un flujo constante de ingresos.

Construcción de Relaciones: En lugar de centrarte solo en el crecimiento numérico, prioriza la construcción de relaciones genuinas. Conectar con tu audiencia y otros colaboradores en tu industria puede abrir puertas y proporcionar un apoyo valioso.

Aprendizaje Continuo: El mundo digital cambia constantemente. Mantente actualizado con las últimas tendencias y tecnologías, y sigue aprendiendo. La adaptabilidad es la clave para mantener una estrategia relevante y efectiva.

Evaluación y Ajuste: Regularmente evalúa tus resultados y ajusta tu estrategia según lo que funcione y lo que no. Aprende de tus errores y aprovecha tus éxitos para optimizar continuamente tu enfoque.

Más Allá del Relámpago: Un Viaje de Valor y Crecimiento

En un mundo lleno de relámpagos y estallidos, construir resultados duraderos es como forjar un camino hacia el sol. Evitar los atajos y construir una estrategia sólida te permite mantenerte en el juego a largo plazo. Recuerda, se trata de más que una búsqueda de fama instantánea; se trata de crear un impacto significativo y duradero en tus seguidores y en tu propia trayectoria. ¡Así que adelante, emprendedores de la sostenibilidad, y construyamos juntos un camino lleno de valor y crecimiento! ¡Hasta el próximo capítulo, constructores de legados digitales!

15. REDES SOCIALES ESPECÍFICAS Y PLATAFORMAS: TU ENTRADA VIP AL MUNDO DIGITAL

¡Hola, maestros de las redes sociales! En este capítulo, estamos a punto de sumergirnos en las aguas turbulentas (pero emocionantes) de las redes sociales específicas y plataformas. Porque, como todos sabemos, cada plataforma tiene su propio ambiente, sus propias reglas y su propio público. ¡Así que prepárate para descubrir cómo navegar por este laberinto digital y convertirlo en una pista de baile de monetización que dejará a todos boquiabiertos!

Enfoques Específicos para Monetizar en Diferentes Redes Sociales: El Arte de la Adaptación

Cada plataforma de redes sociales es como una fiesta con su propia temática y estilo. Entonces, ¿cómo te aseguras de ser el alma de la fiesta sin pisar los pies de nadie? Aquí tienes algunos consejos específicos para monetizar en algunas de las plataformas más populares:

Instagram: El Mundo Visual en Tu Bolsillo

¿Eres un apasionado de capturar momentos visuales? ¡Instagram es tu telón de fondo para brillar! Aquí es donde las imágenes cuentan historias y un simple deslizamiento de dedos puede convertirse en un paseo por un mundo lleno de color y vida. Pero, espera, antes de hacer clic en esa cámara, aquí tienes cómo monetizar tu amor por las imágenes:

Construye un Feed Visualmente Atractivo: Tu feed es como tu escaparate en la calle principal. Asegúrate de que cada foto sea una obra maestra en sí misma y que encaje en el tema general de tu contenido. Mantén la coherencia en el estilo y el tono para crear una experiencia visual cautivadora.

Explora Instagram Shop: Instagram no solo es un lugar para admirar fotos bonitas, sino también para comprar. Utiliza Instagram Shop para etiquetar tus productos directamente en tus publicaciones, permitiendo a tus seguidores comprar con un solo toque. ¡Es como tener tu propia tienda en línea en tu feed!

Historias para Promociones Creativas: Las historias son como pizarras en blanco listas para ser llenadas con tu creatividad. Utilízalas para promocionar ofertas especiales, detrás de escena y contenidos exclusivos. Aprovecha las funciones interactivas como encuestas y preguntas para involucrar a tu audiencia.

Colabora para Crecer: ¡Las fiestas son más divertidas cuando traes amigos! Colabora con otras marcas o artistas que compartan tu visión y estilo. Las colaboraciones pueden exponerte a nuevas audiencias y ofrecer oportunidades para ofertas conjuntas que benefician a ambas partes.

YouTube: ¡Luces, Cámara, Monetización!

¿Listo/a para ser la estrella de tu propio espectáculo? ¡YouTube es tu escenario perfecto para brillar! Si tienes un talento natural para hablar ante la cámara y una pasión por compartir contenido valioso, estás a punto de entrar en el emocionante mundo de la monetización. ¡Pero no te preocupes, no necesitas un equipo de filmación al estilo Hollywood para comenzar! Aquí tienes cómo puedes transformar tus palabras en ingresos:

Crea Videos de Calidad con Contenido Valioso: La magia de YouTube radica en la capacidad de contar historias a través de videos. Si tienes un conocimiento profundo sobre un tema o una habilidad que deseas compartir, ¡adelante! Ya sea que hables sobre cocina, maquillaje, consejos financieros o análisis de películas, la clave es crear contenido informativo o entretenido que capte la atención y el interés de tu audiencia.

Activa la Monetización a Través de AdSense: ¿Quieres ganar dinero por tu creatividad? Activa la monetización a través de Google AdSense. Una vez que tu canal cumpla con los requisitos mínimos de visualizaciones y suscriptores, podrás mostrar anuncios en tus videos. Cada vez que alguien vea o haga clic en un anuncio, ganarás una parte de los ingresos generados.

Ofrece Contenido Exclusivo a tus Suscriptores: ¿Quieres que tus seguidores se sientan como VIPs? Considera ofrecer contenido exclusivo a través de YouTube Premium. Puedes crear videos que solo sean accesibles para tus suscriptores pagos, brindándoles un incentivo adicional para unirse y apoyarte.

Interacción y Construcción de Comunidad: La interacción con tus seguidores es clave. Responde a los comentarios en tus videos y fomenta la participación a través de preguntas y encuestas. Cuanto más involucres a tu audiencia, más fuerte será la conexión que construyas con ellos.

Aprende y Evoluciona: A medida que creces en YouTube, mantente abierto/a al aprendizaje constante. Mejora tus habilidades de edición de video, aprende sobre las últimas tendencias y escucha los comentarios de tu audiencia. La evolución constante te ayudará a mantener la relevancia y el crecimiento a largo plazo.

TikTok: El Ritmo del Éxito Rápido

¿Listo/a para un viaje vertiginoso hacia la fama? ¡TikTok te invita a subirte al escenario más emocionante! Si eres un amante de la creatividad, la música y los videos, prepárate para un espectáculo lleno de energía y oportunidades de monetización. Pero, espera, no necesitas ser un bailarín profesional para destacar en este escenario digital. Aquí te decimos cómo moverte al ritmo del éxito:

Crea Videos Creativos y Pegajosos: En TikTok, la creatividad es la moneda de cambio. Crea videos que sean únicos y atractivos. Ya sea que muestres tu talento, compartas consejos rápidos o hagas reír a tu audiencia, la clave está en captar la atención en los primeros segundos.

Súmate a las Tendencias: TikTok es como un baile eterno de tendencias. Únete a los desafíos virales y participa en las últimas modas. Agregar tu propio giro único a las tendencias te ayudará a atraer la atención de una audiencia más amplia y conectarte con otros creadores.

Colaboraciones y Desafíos Virales: ¿Quieres aumentar tu visibilidad? Colabora con otros creadores que compartan tus intereses. Juntos, pueden crear contenido que sea aún más cautivador. Además, participa en desafíos virales para mostrar tu versatilidad y estar en el centro de la acción.

Construye una Audiencia Apasionada: A medida que tus videos se vuelvan virales, construirás una audiencia entusiasta. Responde a los comentarios y mensajes directos para mostrar tu aprecio por su apoyo. Cuanto más construyas una comunidad sólida, más posibilidades tendrás de convertir seguidores en ingresos.

Saca Partido a la Brevedad: TikTok es un escenario donde los segundos cuentan. Aprende a transmitir tu mensaje en un tiempo limitado sin perder el impacto. La habilidad de contar historias efectivas en segundos te ayudará a destacar entre la multitud.

Twitter: Brevedad y Enganche

¿Eres un mago/a de las palabras? ¡Entonces Twitter es tu varita mágica! Si te encanta expresarte en frases cortas pero impactantes, estás a punto de entrar en un mundo donde cada palabra cuenta y cada tweet es un destello de genialidad. Pero no necesitas ser un novelista para causar impacto. Aquí tienes cómo convertir tu ingenio en ingresos en el reino de los 280 caracteres:

Crea Tweets Ingeniosos y Relevantes: En Twitter, la brevedad es el nombre del juego. ¿Puedes capturar la esencia de tu mensaje en un puñado de palabras? Crea tweets que sean ingeniosos, relevantes y que capturen la atención de tu audiencia en segundos.

Dirige a tus Seguidores con un Enlace de Bio: La bio de Twitter es como tu tarjeta de presentación. Aprovecha el espacio para agregar un enlace a tu sitio web, tienda en línea o productos. De esta manera, puedes dirigir a tus seguidores a tus ofertas con un solo clic.

Participa en Conversaciones Relevantes: Twitter es como una gran fiesta de conversación. Súmate a las conversaciones que son relevantes para tu nicho. Comparte tus opiniones, consejos y conocimientos para establecer tu autoridad en el campo y atraer a una audiencia interesada.

Usa los Hashtags con Astucia: Los hashtags son como los pasaportes a la conversación global. Utilízalos con astucia para que tus tweets lleguen a una audiencia más amplia. Investiga los hashtags populares en tu industria y úsalos en tus tweets para aumentar tu visibilidad.

Construye una Comunidad Comprometida: Responde a los comentarios y menciones en tus tweets para construir una comunidad comprometida. Cuanto más interactúes con tus seguidores, más lealtad construirás y más posibilidades tendrás de convertir esa lealtad en ingresos.

Facebook: La Comunidad Digital por Excelencia

¿Estás listo/a para construir una comunidad en línea sólida? ¡Facebook te brinda el escenario perfecto para hacerlo! Si tienes un espíritu social y te encanta interactuar con personas de todo el mundo, estás a punto de entrar en un espacio donde la conexión y la monetización van de la mano. Pero, espera, no necesitas ser un gurú de la tecnología para ser un éxito. Aquí tienes cómo puedes convertirte en un líder en la comunidad digital:

Crea una Página de Facebook: ¿Quieres ser el anfitrión de tu propia fiesta digital? Crea una página de Facebook para representar tu marca o contenido. Comparte actualizaciones, publicaciones interesantes y crea un espacio donde tus seguidores puedan interactuar contigo y entre sí.

Promociona tu Contenido y Productos: Facebook es como un escaparate gigante. Publica contenido valioso y promociona tus productos a través de publicaciones. Muestra fotos atractivas, videos informativos y enlaces a tus ofertas para captar la atención de tu audiencia.

Únete a Grupos Relevantes: Los grupos son como mesas de debate en una fiesta. Únete a grupos relevantes en tu industria o nicho y comparte tus conocimientos y experiencia. Esto te ayudará a establecer conexiones, construir relaciones y mostrar tu autoridad en el campo.

Facebook Live para Conexiones Auténticas: ¿Quieres llevar tus interacciones al siguiente nivel? Considera el uso de Facebook Live. Organiza eventos en vivo donde puedas interactuar directamente con tu audiencia. Realiza sesiones de preguntas y respuestas, demos de productos o simplemente comparte tus pensamientos en tiempo real.

Construye una Comunidad Leal: La clave está en construir una comunidad leal y comprometida. Responde a los comentarios y mensajes, crea contenido que resuene con tu audiencia y fomenta la conversación. Cuanto más fuerte sea la comunidad, más oportunidades tendrás de convertir esa lealtad en ingresos.

Adaptando tus Estrategias a Plataformas Específicas: Tu Pasaporte al Éxito

Aquí está la clave: no puedes aplicar una estrategia única en todas las plataformas. Cada plataforma tiene su propia cultura, público y peculiaridades. Entonces, ¿cómo te adaptas a cada escenario sin parecer un intruso en una fiesta temática? Aquí tienes algunas tácticas:

- **Conoce la Cultura:** Investiga cómo funcionan las cosas en cada plataforma. ¿Cuál es el tono y estilo de los usuarios? ¿Qué tipo de contenido se comparte más? Conocer la cultura te ayudará a integrarte sin problemas. Aquí te dejo algunas herramientas que te pueden ayudar:
- ✓ Social Media Examiner: Ofrece artículos, guías y consejos sobre las últimas tendencias en redes sociales. Es una excelente

fuente de información para entender la cultura de diferentes plataformas.

✓ BuzzSumo: Te permite buscar contenido popular en diferentes redes sociales y ver qué tipo de contenido está funcionando mejor en términos de interacciones y compartidos.

✓ TrendHr: Esta herramienta te ayuda a rastrear las tendencias actuales en redes sociales, lo que te permitirá estar al tanto de los temas candentes.

✓ Google Trends: Puedes utilizar esta herramienta para ver qué términos y temas están siendo buscados con mayor frecuencia en línea, lo que puede darte pistas sobre lo que está en la mente de la gente en diferentes plataformas.

✓ Exploración Directa: Simplemente pasa tiempo explorando diferentes redes sociales, siguiendo cuentas relevantes y participando activamente. La experiencia directa es una de las mejores maneras de comprender la cultura y la dinámica de una plataforma.

- **Adapta el Contenido:** No uses el mismo contenido en todas partes. Adapta tus mensajes y formatos para que se ajusten a la plataforma. Lo que funciona en Instagram puede no ser efectivo en LinkedIn.

- **Sé Consistente:** Mantén una presencia constante en cada plataforma, pero ajusta la frecuencia y el tipo de contenido según lo que funcione mejor en cada caso.

- **Aprovecha las Características Únicas:** Cada plataforma tiene características únicas, como las historias de Instagram o las encuestas de Twitter. Úsalas a tu favor para destacar y captar la atención de tu audiencia.

- **Monitorea y Ajusta:** No te quedes estático/a. Monitorea tus métricas y ajusta tus estrategias según los resultados. Lo que funciona en una plataforma puede no funcionar igual en otra.

La Fiesta de la Adaptación: Tu Éxito Está Invitado

Las redes sociales específicas y plataformas son como diferentes fiestas a las que estás invitado/a. Cada una tiene su propio ambiente y protocolo, y tú eres el/la invitado/a de honor. Al adaptarte a cada plataforma, te conviertes en el alma de la fiesta, no importa dónde estés. ¡Así que prepárate para bailar en todas las pistas y hacer que tus seguidores se unan a la diversión en todos los rincones del mundo digital! ¡Hasta el próximo capítulo, creadores de éxitos en plataformas únicas!

16. ADOPTANDO NUEVAS PLATAFORMAS EMERGENTES

¡Hora de explorar terrenos desconocidos y abrazar lo nuevo en el mundo de las redes sociales! Las plataformas emergentes son como tesoros escondidos esperando a ser descubiertos, y tú estás a punto de desempolvar tu detector de oro digital. Prepárate para sumergirte en lo desconocido, adoptar lo innovador y navegar por las aguas digitales con confianza.

Aprovechando el Potencial de Plataformas Emergentes

¿Alguna vez has deseado poder dar un vistazo al futuro? Las plataformas emergentes te ofrecen exactamente eso. Son como hojas en blanco listas para ser escritas con nuevas historias y posibilidades. Llegado este punto te preguntarás como dar con esas nuevas redes sociales que está a punto de eclosionar. Pues bien, aquí te dejo algunas pautas. ¡Vamos allá!:

- **Investigación en Línea:** Realiza búsquedas en línea utilizando palabras clave como "nuevas redes sociales", "plataformas emergentes" o "redes sociales innovadoras". Es posible que encuentres artículos y listas que mencionen las últimas incorporaciones al mundo de las redes sociales.

- **Foros y Comunidades en Línea:** Únete a foros y comunidades en línea relacionados con la tecnología, el marketing digital y las redes sociales. Las personas en estas comunidades a menudo comparten información sobre plataformas emergentes que están ganando popularidad.

- **Eventos y Conferencias:** Asiste a eventos y conferencias relacionadas con la tecnología y el marketing. Estos eventos a menudo presentan nuevas startups y plataformas emergentes que buscan ganar visibilidad. Además, las charlas y paneles pueden brindarte información valiosa sobre las tendencias actuales.

- **Aplicaciones de Descubrimiento:** Algunas aplicaciones y sitios web se centran en descubrir nuevas aplicaciones y plataformas. Por ejemplo, Product Hunt y Betalist son lugares donde las nuevas startups comparten sus productos y puedes encontrar algunas gemas en crecimiento.

- **Redes Sociales Actuales:** Presta atención a las conversaciones en tus redes sociales actuales. Los usuarios a menudo comparten información sobre nuevas plataformas en las que están participando o que han descubierto.

- **Influencers y Expertos:** Sigue a influencers y expertos en el campo de las redes sociales y la tecnología. A menudo comparten información sobre las últimas tendencias y las plataformas emergentes que están llamando la atención.

- **Exploración Personal:** Tómate el tiempo para explorar aplicaciones en las tiendas de aplicaciones como Google Play Store y Apple App Store. Puedes encontrar aplicaciones y plataformas emergentes que están ganando impulso.

- **Escucha a tu Audiencia:** Si tienes una comunidad en línea, pregúntales si han descubierto nuevas plataformas o aplicaciones interesantes. Puede que te sorprendas con las recomendaciones que recibas.

- **Medios de Comunicación Especializados:** Algunos medios de comunicación y blogs especializados en tecnología y marketing a menudo cubren nuevas redes sociales emergentes. Mantén un ojo en estas fuentes para obtener información actualizada.

Recuerda que no todas las plataformas emergentes serán un éxito, por lo que es importante investigar y explorar antes de invertir demasiado tiempo y esfuerzo. Algunas plataformas pueden despegar y otras pueden quedarse en el olvido, pero la emoción de descubrir algo nuevo y emocionante siempre es parte de la aventura.

¡Genial!¡Ya has encontrado una red social emergente con potencial y que se ajusta como anillo al dedo a tu estilo! Ahora, antes de lanzarte a publicar, para un momento y échale un vistazo a esta hoja de ruta para que aproveches al máximo estas nuevas oportunidades:

Investiga y Observa: Antes de dar el salto, investiga las plataformas emergentes. ¿De qué se tratan? ¿Cuál es su propuesta única? ¿Quiénes son los usuarios clave? Observa cómo se comunican, qué contenido comparten y qué están buscando.

Prueba con Curiosidad: Como si fueras un explorador digital, adéntrate en la nueva plataforma con curiosidad y entusiasmo. Prueba diferentes tipos de contenido, experimenta con formatos y descubre cómo puedes aportar valor a esta comunidad en crecimiento.

Sé Parte de la Comunidad: La adopción temprana en plataformas emergentes te da la oportunidad de ser parte de la base de usuarios fundacional. Únete a grupos, participa en conversaciones y construye relaciones con otros usuarios. Tu presencia desde el principio puede ser una ventaja.

No Tengas Miedo de Fallar: En el mundo de las plataformas emergentes, no hay reglas escritas en piedra. No tengas miedo de cometer errores y ajustar tu enfoque. Las plataformas nuevas están en constante evolución, y tu adaptabilidad puede ser una fortaleza.

Estrategias para Ingresar con Éxito en Nuevos Espacios

Bien, ya estás listo/a para dar tus primeros pasos en una nueva plataforma emergente. Pero ¿cómo te aseguras de que esos pasos sean firmes y en la dirección correcta? Aquí hay algunas estrategias para entrar en nuevos espacios con confianza y lograr un aterrizaje suave:

Comprende la Cultura: Cada plataforma tiene su propia cultura y dinámica. Comprende cómo interactúan los usuarios, qué tono es adecuado y cuáles son las tendencias actuales. La adaptación a la cultura local es clave.

Encuentra tu Propuesta Única: ¿Cómo puedes destacar en una plataforma emergente abarrotada? Encuentra lo que te hace único y cómo puedes ofrecer valor en ese espacio. ¿Es tu estilo, tu conocimiento o tu sentido del humor?

Experimenta con Contenido: Las nuevas plataformas son como lienzos en blanco. Experimenta con diferentes tipos de contenido para ver qué resuena mejor con la audiencia. Prueba videos cortos, historias, imágenes llamativas y más.

Construye Relaciones: No olvides que las redes sociales son, en última instancia, sobre relaciones humanas. Conecta con otros usuarios, responde a comentarios y participa en conversaciones. La construcción de relaciones puede ser clave para tu éxito a largo plazo.

Sé Auténtico/a: En medio de toda la emoción de una nueva plataforma, no pierdas tu autenticidad. Mantén tu voz única y tus valores mientras te adaptas al nuevo entorno.

¿Listo/a para Empezar tu Aventura?

Ahora que estás armado/a con conocimiento y estrategias, estás listo/a para aventurarte en plataformas emergentes. Recuerda, estas plataformas ofrecen una oportunidad única para construir desde cero y ser parte de algo en evolución. No temas al cambio, abraza la novedad y lánzate a lo desconocido con confianza. Quién sabe, podrías ser uno/a de los pioneros que dejan una huella duradera en el mundo digital en constante cambio. ¡Sigue leyendo para más consejos sobre cómo mantenerte al día con las últimas tendencias y tecnologías y mantén esa innovación en marcha! Estás a punto de abrir puertas a nuevas audiencias y oportunidades, explorador/a digital valiente.

17. OPTIMIZACIÓN Y RENDIMIENTO

¡Bienvenido al laboratorio de la optimización y el rendimiento! ¿Listo para convertir tus estrategias en verdaderas máquinas de resultados? No te preocupes, no necesitas bata blanca ni gafas de científico. Solo necesitas una buena dosis de curiosidad y ganas de exprimir al máximo tus esfuerzos en las redes sociales. Así que, agarra tu bloc de notas y prepárate para destilar tus estrategias en algo digno de un experimento científico (¡sin los peligros!).

Mejorando tus Estrategias y Maximizando los Resultados

En un mundo en constante evolución, tus estrategias de redes sociales también deben evolucionar para seguir siendo relevantes. Pero ¿cómo haces que tus estrategias sean más inteligentes y eficaces? Sigue leyendo y aprenderás cómo mejorar tus tácticas y sacarles el máximo provecho.

Analiza tus Datos con Pasión: Sí, lo sabemos, los números pueden ser intimidantes. Pero aquí está el truco: ¡los números son tus amigos! Analiza tus datos de redes sociales como si fueran pistas en una película de detectives. ¿Qué publicaciones tienen más interacciones? ¿A qué hora tu audiencia está más activa? Utiliza herramientas de análisis como Facebook Insights, Google Analytics y las analíticas nativas de cada plataforma para descubrir patrones y oportunidades.

Experimenta con Valentía: El laboratorio de la optimización es un lugar seguro para experimentar. Prueba diferentes tipos de contenido, horarios de publicación y enfoques para ver qué funciona mejor. ¡Quién sabe, podrías descubrir una fórmula mágica que haga que tus resultados se disparen!

Escucha a tu Audiencia: Tus seguidores son como tus sujetos de prueba. Escucha sus comentarios, preguntas y necesidades. Ajusta tus estrategias en función de lo que están buscando. Después de todo, si estás ofreciendo lo que quieren, ¡tus resultados estarán por las nubes!

Optimiza para Móviles: Hoy en día, la mayoría de las interacciones en redes sociales ocurren en dispositivos móviles. Asegúrate de que tu contenido sea amigable para móviles. Utiliza imágenes de alta calidad que se vean bien en pantallas pequeñas y escribe leyendas y descripciones que sean fáciles de leer en dispositivos móviles.

Colabora con Influencers: Los influencers son como los asistentes estrella de tu laboratorio de optimización. Colabora con ellos para amplificar tu alcance y obtener nuevos insights. Su experiencia puede ofrecerte ideas frescas y atraer a nuevos seguidores interesados en tu contenido.

Haz que las Métricas Trabajen para Ti: Métricas como el engagement, la tasa de clics y el alcance pueden ser tus ayudantes secretos. Utiliza estas métricas para medir el éxito de tus campañas y ajustar tus estrategias en consecuencia. Si una métrica no está funcionando como esperabas, ¡no te preocupes! Es solo una señal de que es hora de ajustar el enfoque.

Sigue Aprendiendo y Adaptándote: En el laboratorio de optimización, el aprendizaje nunca se detiene. Mantente al tanto de las últimas tendencias en redes sociales y tecnología. Participa en webinars, talleres y cursos en línea para mejorar constantemente tus habilidades. La optimización es como un juego en constante evolución, y la única forma de ganar es seguir aprendiendo y adaptándote.

Optimiza, Experimenta y Brilla:

¡Y así, amigo mío, es cómo transformarán tus estrategias en obras maestras de optimización! Recuerda, se trata de usar los datos a tu favor, experimentar con valentía y adaptarte a medida que avanzas. No temas a los números ni a las pruebas. Piensa en esto como un emocionante juego de estrategia donde cada ajuste te acerca más a la victoria. ¡Sigue optimizando, experimentando y brillando en el emocionante mundo de las redes sociales!

18. ENFOCÁNDOTE EN EL IMPACTO DURADERO

¡Este es un capítulo lleno de inspiración y propósito! Porque, después de todo, ¿quién quiere ser un "emprendedor de redes sociales" aburrido cuando puedes ser un "cambiador de vidas en línea"? Este capítulo trata sobre ir más allá de la monetización superficial y dejar una huella duradera en el mundo digital. Así que, toma tu antorcha de impacto y prepárate para iluminar el camino hacia un propósito significativo en las redes sociales.

Contribuyendo Positivamente a tu Audiencia y Comunidad

¿Quieres ser recordado como el "tipo o chica genial" en las redes sociales? No solo necesitas publicaciones ingeniosas y fotos elegantes, sino también un corazón genuino para contribuir positivamente a tus seguidores y comunidad. Aquí hay algunas maneras de hacerlo:

- ✓ **Inspiración Diaria:** Dale a tu audiencia su dosis diaria de inspiración. Comparte citas motivadoras, historias de éxito y consejos para ayudarlos a enfrentar los desafíos de la vida. Convertirte en un faro de positividad puede hacer que tus seguidores te vean como un amigo digital confiable.

- ✓ **Contenido Educativo:** ¿Eres un experto en tu nicho? Comparte tu conocimiento de manera accesible y entretenida. Tutoriales, infografías y guías paso a paso pueden empoderar a tus seguidores para que aprendan algo nuevo y valioso.

- ✓ **Apoyo Emocional:** Las redes sociales a menudo son un refugio para aquellos que necesitan apoyo emocional. Ofrece un hombro virtual para llorar, escucha atentamente y brinda palabras de aliento. Tu comunidad se convertirá en un lugar donde las personas se sientan comprendidas y aceptadas.

- ✓ **Historias Auténticas:** Comparte tus propias luchas y triunfos de manera honesta. La autenticidad construye conexiones más profundas y muestra a tus seguidores que no estás en una torre de marfil, sino que eres humano, al igual que ellos.

Creando un Impacto Significativo a través de la Monetización

Ahora, ¿cómo puedes transformar tu monetización en una fuerza poderosa para el bien? ¡Acompáñame mientras exploramos cómo puedes crear un impacto significativo a través de tus esfuerzos de monetización en las redes sociales!

- ✓ **Consciencia Social y Donaciones:** Si tus seguidores están apoyando tus productos o servicios, considera destinar una parte de tus ingresos a causas sociales o donaciones benéficas. Comunica claramente cómo estás contribuyendo a causas importantes y cómo cada compra está marcando la diferencia.

- ✓ **Ofrecer Valor Real:** En lugar de simplemente vender, enriquece la vida de tus seguidores con productos y servicios que realmente les ayuden. Si estás ofreciendo algo que resuelve un problema genuino o agrega valor a sus vidas, estarás creando un impacto positivo a través de tus ofertas.

- ✓ **Educación y Empoderamiento:** ¿Tienes habilidades únicas? Ofrece cursos en línea, talleres o recursos que puedan capacitar a otros. Ayudar a las personas a adquirir nuevas habilidades puede mejorar sus vidas y empoderarlas para alcanzar sus objetivos.

- ✓ **Promover Cambios Positivos:** Usa tu influencia para promover cambios positivos en tu industria o en la sociedad en general. Habla sobre temas importantes, desafía las normas y aboga por un cambio significativo. Tu voz puede marcar la diferencia.

✓ **Crear una Comunidad de Impacto:** Construye una comunidad en torno a tu marca que comparta valores similares y se preocupe por causas similares. Juntos, pueden marcar la diferencia al unir sus esfuerzos y recursos para causar un impacto real.

El Desafío del Impacto Duradero

Como emprendedores digitales, tenemos el poder de influir en las vidas de muchas personas. No se trata solo de vender productos, sino de aprovechar nuestras plataformas para hacer una diferencia positiva en el mundo. El impacto duradero no solo es gratificante, sino que también puede ser la chispa que encienda una comunidad apasionada y comprometida. Entonces, ¿estás listo/a para marcar una diferencia significativa en el mundo digital y más allá? ¡Adelante, cambia vidas y crea un impacto que resuene a lo largo del tiempo!

19. APRENDIENDO DE LOS ERRORES Y FRACASOS

¡Prepárate para un capítulo donde los fracasos son bienvenidos y los errores se convierten en tesoros! Si alguna vez te has sentido abrumado por un error o un fracaso en tus esfuerzos de monetización, este capítulo es tu boleto dorado para convertir esas experiencias en lecciones valiosas y oportunidades de crecimiento. Así que, relájate, porque en este laboratorio de aprendizaje, todos somos estudiantes.

Extrayendo Lecciones Valiosas de Errores y Fracasos en Monetización

¿Alguna vez has lanzado una campaña que se estrelló y te preguntaste: "¿Qué demonios pasó aquí?" No te preocupes, todos hemos estado allí. Pero aquí está la belleza: incluso en los errores más épicos, hay tesoros ocultos de aprendizaje. Aquí tienes cómo extraer esas gemas de sabiduría:

- **Desmenuza el Fracaso:**

En lugar de huir de tus fracasos, siéntate con ellos. Analiza lo que salió mal, desde el principio hasta el final. ¿Hubo señales de advertencia que pasaste por alto? ¿Hubo áreas en las que podrías haber mejorado? Desmenuzar el fracaso te dará una comprensión profunda de lo que salió mal.

- **Identifica los Factores Contribuyentes:**

Bienvenidos a la sala de detectives, donde el rompecabezas del fracaso es nuestra pista para desentrañar los secretos del aprendizaje. En este rincón de análisis, te conviertes en el Sherlock Holmes de tu propio mundo digital, buscando pistas y pistas para comprender por qué las cosas no salieron según lo planeado. Así que, agarra tu lupa y prepárate para investigar a fondo.

- ✓ **Los Factores Externos:** Culpar a la Madre Naturaleza (y otros culpables)

A veces, los fracasos no son solo por tus acciones, sino por factores que están más allá de tu control. Puedes haber lanzado la campaña de tus sueños, solo para que un cambio en el algoritmo te golpee en la cara como un pastelazo. Los factores externos, como cambios en la economía, eventos imprevistos o incluso la volátil naturaleza de las redes sociales, pueden influir en el resultado. Entonces, ¿cómo distingues entre tus acciones y el capricho de la Madre Naturaleza?

Aquí hay algunas pautas:

Mira el Panorama General: Examina el entorno en el que te movías cuando lanzaste tu estrategia. ¿Hubo eventos importantes o tendencias cambiantes que podrían haber influido en los resultados? Reconocer estos factores te permite ser realista acerca de las expectativas.

Separa lo que Puedes Controlar: Haz una lista de los factores que podrías haber controlado y aquellos que estaban fuera de tu alcance. Aunque no puedes cambiar los eventos externos, puedes ajustar tus estrategias en función de tus hallazgos.

✓ **El Poder de las Decisiones y Acciones:** Las Jugadas de Ajedrez del Fracaso

Llegamos al territorio de las decisiones y acciones, donde cada movimiento es una jugada en el juego del fracaso. Aquí es donde entra la autorreflexión sin censura. ¿Tomaste decisiones acertadas o hiciste elecciones que parecían una buena idea en ese momento, pero ahora te hacen palmear la frente con arrepentimiento? Aquí hay algunas maneras de analizar tus decisiones y acciones:

Cadena de Eventos: Recrea la cadena de eventos desde el principio hasta el final. ¿Hubo un punto de inflexión en el que una decisión condujo a la siguiente? Trazar esta línea te ayudará a ver cómo una serie de elecciones puede llevar al resultado final.

Jugadas Alternativas: ¿Había alternativas que podrías haber considerado pero que pasaste por alto? Es fácil quedar atrapado en una sola estrategia, pero a menudo hay múltiples caminos hacia el éxito. Identifica las jugadas que podrían haber llevado a un resultado diferente.

Aprender de las Jugadas Malas: Incluso las jugadas "equivocadas" tienen un propósito si puedes aprender de ellas. ¿Qué te llevó a tomar esas decisiones? ¿Qué te llevó a subestimar ciertos riesgos? Analizar las jugadas que no dieron sus frutos puede ayudarte a tomar decisiones más informadas en el futuro.

La Imagen Completa: Rompecabezas Ensamblado: Como un detective que encuentra las últimas piezas de un rompecabezas, identificar los factores contribuyentes te permite ensamblar la imagen completa de por qué las cosas no salieron como esperabas. Tienes una imagen más clara de lo que funcionó, lo que no funcionó y cómo puedes ajustar tu estrategia en el futuro. Al abrazar tus fracasos y entender su contexto, estás armado/a con el conocimiento para tomar decisiones más informadas y evitar los mismos obstáculos en el futuro. Así que, adelante, abraza la investigación y usa tus fracasos como escalones hacia el éxito.

- **Acepta la Responsabilidad:** Sí, admitir que cometiste un error puede doler. Pero aquí está la liberación: también te da el poder de cambiarlo. Asume la responsabilidad de tus acciones y decisiones, y verás cómo se transforma la lección en una oportunidad de crecimiento.
- **Cambia tu Enfoque:** En lugar de ver el fracaso como una señal de que no tienes lo que se necesita, cámbialo a una oportunidad para crecer. Cada fracaso te acerca un paso más a tus objetivos, siempre y cuando estés dispuesto/a a aprender de él.

Transformando Desafíos en Oportunidades de Crecimiento

Dicen que cada desafío es una oportunidad disfrazada. Entonces, ¿cómo conviertes tus desafíos en oportunidades doradas? Aquí tienes algunas estrategias para hacerlo:

Cambia tu Perspectiva: En lugar de ver los desafíos como obstáculos, míralos como escalones hacia el éxito. Cada desafío superado es una experiencia que te hace más fuerte y sabio/a.

Enfrenta tus Miedos: A menudo, los desafíos nos llevan fuera de nuestra zona de confort. ¡Eso es genial! Aprovecha la oportunidad para enfrentar tus miedos y crecer en el proceso. Recuerda, las mejores historias de crecimiento provienen de superar desafíos.

Aprende a Adaptarte: Los desafíos a menudo requieren adaptabilidad. En lugar de resistirte al cambio, abraza la oportunidad de aprender nuevas habilidades y enfoques. La capacidad de adaptarte es una herramienta poderosa en tu caja de herramientas de crecimiento.

Crea una Estrategia de Solución: En lugar de quedarte atascado/a en la negatividad, crea una estrategia para superar el desafío. Coge el resultado de tu investigación sobre los factores que contribuyeron a que tu estrategia no saliera como esperabas. Ahora convierte un problema grande (la estrategia de monetización ha fallado) y rómpelo en trozos mas pequeños y manejables (cada uno de esos factores) y toma medidas concretas para abordar cada uno de ellos.

Celebra los Pequeños Éxitos: A medida que superas desafíos, no olvides celebrar los pequeños éxitos en el camino. Cada paso hacia adelante es una oportunidad para reconocer tu progreso y sentirte motivado/a para seguir adelante.

El Aprendizaje Continuo

Los errores y fracasos son parte integral del viaje hacia el éxito. No se trata de evitarlos, sino de abrazarlos y aprender de ellos. Cada error te enseña algo valioso y cada desafío te moldea en una versión más fuerte de ti mismo/a. Así que, sigue adelante con la cabeza en alto y recuerda que cada paso, incluso los tropezones, te acerca un poco más a tus metas. ¡Bienvenido/a al emocionante mundo del aprendizaje a través de errores y desafíos!

20. PREPARÁNDOTE PARA EL FUTURO

¡Aquí estamos, en la última etapa de nuestro viaje de monetización! Pero espera, esto no es un final, sino un emocionante comienzo. En este capítulo, nos ponemos nuestros lentes de futuro y miramos hacia adelante con entusiasmo y curiosidad. Prepárate para ajustar tu cinturón de seguridad porque estamos a punto de explorar cómo mantenerte en la cima del juego de monetización en un mundo en constante evolución.

Manteniendo una Actitud de Aprendizaje Constante

Si hay una regla de oro en el mundo de la monetización en redes sociales, es esta: nunca dejes de aprender. El mundo digital cambia más rápido que el cambio de estaciones, y eso significa que tus estrategias también deben adaptarse. Aquí tienes cómo abrazar el aprendizaje constante como tu mejor amigo:

- **Sé Curioso/a:** Mantén tus antenas curiosas en todo momento. Siempre hay nuevas tendencias, herramientas y enfoques emergentes. Mantente alerta y ávido/a por explorar lo desconocido.

- **Invierte en Educación**: Considera la educación continua como una inversión en tu éxito futuro. Esto no significa necesariamente una maestría en marketing digital, pero sí tomar cursos en línea, asistir a talleres y seguir blogs y podcasts relevantes.

- **Experimenta sin Miedo:** Aprende a través de la acción. Prueba nuevas estrategias y enfoques, incluso si son un poco arriesgados. A veces, los mayores descubrimientos provienen de salir de tu zona de confort.

- **Mantente al Día:** Sigue a líderes de la industria, suscríbete a boletines informativos y mantente al tanto de las noticias relevantes. Esto te permite estar al día con los cambios y tendencias en tiempo real.

Explorando Oportunidades Futuras en Monetización

El futuro es como un lienzo en blanco lleno de posibilidades. En este capítulo, te invitamos a imaginar y planear cómo puedes seguir evolucionando tus esfuerzos de monetización en los próximos años. ¡Aquí hay algunas formas emocionantes de explorar oportunidades futuras!

- **Conéctate con las Nuevas Generaciones:** A medida que las generaciones cambian, sus preferencias también lo hacen. Investiga y adapta tus estrategias para conectarte con las nuevas oleadas de usuarios y sus formas únicas de consumir contenido y productos.

- **Sé un/a Visionario/a:** No temas ser un pionero en tu campo. Explora nuevas tecnologías, como la realidad aumentada, la realidad virtual o la inteligencia artificial, y piensa en cómo podrían integrarse en tus esfuerzos de monetización.

- **Amplía tu Alcance Global:** Internet ha eliminado las fronteras, lo que significa que tu audiencia potencial es global. Investiga oportunidades para expandir tus esfuerzos de monetización a nivel internacional.

- **Diversifica tus Fuentes de Ingresos:** No pongas todos tus huevos en una sola canasta. Explora diferentes formas de monetización, como cursos en línea, membresías exclusivas o incluso mercancía relacionada con tu marca.

- **Adapta a las Tendencias:** Mantén un ojo en las tendencias emergentes y adapta tus estrategias en consecuencia. ¿Hay una nueva red social en auge? ¿Una forma innovadora de interactuar con la audiencia? Abraza el cambio y ajústate.

- **Colabora y Conquista:** Las colaboraciones con otras marcas y creadores pueden abrir nuevas oportunidades de monetización. No tengas miedo de asociarte con otros y crear sinergias poderosas

DESPEDIDA

Llegamos al final de este emocionante viaje de descubrimiento y monetización en el mundo de las redes sociales. Espero que hayas disfrutado cada página, que hayas encontrado inspiración en las estrategias compartidas y que estés listo/a para enfrentar con confianza los desafíos y oportunidades que te esperan.

Recuerda, este no es el final, sino más bien un punto de partida. Las redes sociales y el entorno digital están en constante evolución, y tú también debes seguir creciendo. Mantén siempre tu mente abierta a nuevas ideas, tecnologías emergentes y oportunidades que puedan surgir en el horizonte.

Las conexiones que has establecido en el mundo virtual son valiosas y pueden conducir a colaboraciones, amistades e incluso proyectos futuros. Nunca subestimes el poder de la comunidad en línea para apoyarte en tu camino hacia el éxito.

Te animo a aplicar lo que has aprendido, a experimentar y a seguir siendo curioso/a. La monetización en redes sociales es un camino emocionante, lleno de altibajos, pero también de logros gratificantes. Recuerda que cada paso, incluso los pequeños, te acerca más a tus metas.

¡Gracias por acompañarme en esta travesía! Tus sueños y aspiraciones merecen ser perseguidos con pasión y determinación. Así que, adelante, ve tras ellos con valentía y confianza. Si alguna vez necesitas un recordatorio, una dosis de motivación o simplemente alguien que crea en ti, este libro estará aquí para ti.

Mantén tu voz auténtica, sigue creando y sigue monetizando con un toque único que solo tú puedes ofrecer. La aventura no ha hecho más que comenzar. ¡Aquí tienes un brindis por tu éxito continuo en la monetización de redes sociales y en todos tus emprendimientos futuros!

¡Hasta pronto y mucho éxito en tu viaje!

Liam Alvarez

¡Sólo una cosa más! Si has encontrado este libro útil y crees que puede serle útil a más personas, no olvides dejar una reseña. Puedes compartir cual es el capítulo que más te ha gustado o cual te gustaría ampliar, cualquier aporte constructivo es bienvenido. Incluso si solo escribes un escueto "Me ha gustado" me estarás ayudando y haciendo llegar el libro a más gente.

GRACIAS POR LEERME.

p.d. No quiero cerrar el libro sin brindarte algunas herramientas que necesitaras en tu viaje. Echa un vistazo al apéndice que encontrarás a continuación cada vez que creas que necesitas un recurso.

Apéndice: Recursos y Herramientas Clave para Monetización

¡Aquí tienes tu caja de herramientas llena de recursos para impulsar tu viaje de monetización en redes sociales! Estos recursos y herramientas te ayudarán a navegar por los mares de la monetización con confianza y creatividad.

Plataformas de Monetización:

• Google AdSense: Monetiza tu contenido a través de anuncios relevantes y personalizados.

• Facebook Shop: Crea una tienda directamente en tu página de Facebook para vender productos.

• Patreon: Ofrece membresías exclusivas a tus seguidores a cambio de un apoyo mensual.

• Teachable: Crea y vende cursos en línea para compartir tus conocimientos con tu audiencia.

• Amazon Associates: Gana comisiones al promocionar productos de Amazon en tus publicaciones.

• Gumroad: Vende productos digitales como libros electrónicos, plantillas, música y más directamente a tus seguidores.

• Teespring: Diseña y vende productos personalizados, como camisetas y productos impresos bajo demanda, a tu audiencia.

• ConvertKit Commerce: Ofrece productos digitales directamente a tus suscriptores, lo que facilita la monetización de tu lista de correo electrónico.

•	Substack: Monetiza tus boletines informativos o contenidos por suscripción enviados por correo electrónico.

•	AdThrive: Ofrece anuncios de alta calidad y relevantes en tu blog o sitio web para aumentar tus ingresos a través de la publicidad.

•	Twitch: Si te inclinas hacia la transmisión de videojuegos o contenido en vivo, Twitch te permite monetizar a través de donaciones, suscripciones y más.

•	Redbubble: Carga tus diseños y crea una variedad de productos como ropa, accesorios y arte para vender a tu audiencia.

•	Gumlet: Optimiza automáticamente las imágenes de tu sitio web para una carga más rápida, mejorando la experiencia del usuario y posiblemente aumentando las tasas de conversión.

•	Memberful: Crea membresías personalizadas y vende contenido exclusivo a tus seguidores a través de tu sitio web.

•	Sellfy: Vende productos digitales y físicos directamente a tus seguidores, con opciones de personalización y administración de inventario.

Herramientas para Analítica y Seguimiento:

•	Google Analytics: Rastrea el tráfico de tu sitio web y analiza el rendimiento.

•	Buffer: Programa y administra tus publicaciones en redes sociales para maximizar el alcance.

•	Hootsuite: Gestiona múltiples plataformas de redes sociales y programación de contenido.

•	Socialbakers: Obtén análisis profundos de tu rendimiento en redes sociales, incluyendo métricas de engagement, crecimiento de seguidores y análisis de competidores.

•	Sprout Social: Gestiona tus perfiles en redes sociales, programa contenido y obtén informes detallados sobre el rendimiento de tus publicaciones.

•	Later: Programa tus publicaciones en Instagram, Pinterest, Twitter y Facebook, y visualiza cómo se verá tu feed de Instagram antes de publicar.

•	Google Data Studio: Crea informes personalizados que te ayuden a visualizar tus datos de analítica de manera clara y efectiva.

•	Brandwatch: Monitoriza menciones de tu marca y palabras clave en redes sociales para comprender la percepción de la audiencia y medir el impacto de tus campañas.

•	Iconosquare: Especializado en Instagram, esta herramienta te proporciona análisis detallados de tus seguidores, engagement y contenido.

•	Oktopost: Ideal para B2B, esta plataforma te permite programar y medir el rendimiento de tu contenido en redes sociales dirigido a audiencias empresariales.

•	SocialPilot: Programa publicaciones en múltiples redes sociales, colabora con tu equipo y analiza el rendimiento en un solo lugar.

•	Falcon.io: Gestiona tus perfiles en redes sociales, planifica contenido, analiza datos y monitoriza conversaciones relevantes en línea.

•	SentiOne: Monitoriza las redes sociales y la web en busca de menciones y conversaciones sobre tu marca, permitiéndote responder de manera efectiva.

Educación y Formación:

•	Coursera: Accede a cursos en línea sobre marketing digital, redes sociales y monetización.

•	Udemy: Encuentra una amplia gama de cursos sobre marketing, branding y estrategias de monetización.

•	HubSpot Academy: Aprende sobre marketing en redes sociales, optimización y técnicas avanzadas.

•	LinkedIn Learning: Accede a cursos en línea sobre una variedad de temas, incluyendo marketing digital, liderazgo y habilidades técnicas.

•	Skillshare: Encuentra cursos creativos en línea, desde diseño gráfico hasta producción de videos, para mejorar tus habilidades y ofrecer contenido atractivo en tus redes sociales.

•	Moz Academy: Aprende sobre SEO, marketing de contenidos y análisis web a través de cursos en línea impartidos por expertos en la industria.

•	Copyblogger: Ofrece cursos y recursos específicos para mejorar tus habilidades de redacción y creación de contenido persuasivo.

•	Google Digital Garage: Explora cursos gratuitos en línea sobre marketing digital, analítica y otros aspectos clave para expandir tus conocimientos.

•	Academy of Influencer Marketing: Si estás enfocado en el mundo de los influencers, esta plataforma ofrece cursos sobre cómo construir y monetizar tu marca personal.

• Coursera para Empresas: Ofrece cursos en línea diseñados para mejorar las habilidades de tu equipo en áreas como marketing, ventas y desarrollo personal.

• Content Marketing Institute: Accede a webinars, seminarios en línea y recursos sobre marketing de contenidos y estrategias de monetización.

• edX: Explora cursos en línea de universidades de renombre sobre temas como marketing, branding y estrategias de negocios.

• Neil Patel's Ubersuggest: Aunque es una herramienta de análisis de palabras clave, el blog y las guías de Neil Patel son recursos valiosos para aprender sobre marketing digital.

• DigitalMarketer: Ofrece cursos, conferencias virtuales y recursos sobre estrategias de marketing digital, optimización de conversiones y más.

• ContentED: Encuentra cursos y recursos específicos sobre marketing de contenidos, desde estrategia hasta distribución y medición.

Comunidades y Foros:

• Reddit: Explora subreddits relacionados con marketing digital y monetización para aprender de otros profesionales.

• Quora: Participa en discusiones y obtén consejos valiosos de expertos en marketing y monetización.

• Warrior Forum: Una comunidad en línea centrada en marketing digital y negocios en línea, donde puedes aprender de otros emprendedores y compartir tus propias experiencias.

- Inbound.org: Un lugar para profesionales del marketing digital donde puedes compartir contenido, hacer preguntas y participar en discusiones.

- AffiliateFix: Si estás interesado en el marketing de afiliados y la monetización, este es un lugar para aprender de otros afiliados y expertos en la industria.

- WebmasterWorld: Un foro dedicado a temas webmaster, SEO y marketing en línea donde puedes obtener consejos y compartir tus propias estrategias.

- Stack Overflow: Si estás interesado en la parte técnica de la monetización y el desarrollo web, Stack Overflow es una comunidad activa para hacer preguntas y obtener respuestas.

- NicheHacks Private Mastermind: Una comunidad para discutir estrategias de marketing de nicho, monetización y crecimiento en línea.

- WickedFire: Un foro de marketing en línea donde puedes aprender de otros especialistas en marketing digital y compartir tus propias experiencias.

- Digital Point: Un foro donde puedes aprender sobre SEO, marketing en línea y monetización a través de la participación en discusiones.

- GrowthHackers: Una comunidad centrada en estrategias y tácticas para el crecimiento en línea, incluyendo marketing y monetización.

- AffLift: Una comunidad para afiliados de marketing que ofrece discusiones, guías y recursos sobre monetización y estrategias de afiliados.

Glosario de Términos Importantes

Aquí tienes un mapa para descifrar el lenguaje a veces enigmático del mundo de la monetización en redes sociales. Deslízate por este glosario para dominar los términos clave que te ayudarán a navegar con confianza.

• Algoritmo: Conjunto de reglas y cálculos utilizados por las plataformas de redes sociales para determinar qué contenido se muestra a los usuarios.

• Engagement: La medida en que los usuarios interactúan con tu contenido a través de likes, comentarios, comparticiones y más.

• CTR (Click-Through Rate): El porcentaje de personas que hacen clic en tu enlace en relación con el número total de personas que lo ven.

• ROI (Return on Investment): La relación entre las ganancias generadas y la inversión realizada en tu estrategia de monetización.

• SEO (Search Engine Optimization): La optimización de tu contenido para que sea más visible en los motores de búsqueda como Google.

• Call to Action (CTA): Una invitación o instrucción a tu audiencia para realizar una acción específica, como hacer clic en un enlace o comprar un producto.

• Nicho: Un segmento específico del mercado que compartimenta intereses y necesidades.

• Membresía: Un modelo de monetización donde los seguidores pagan una tarifa regular para acceder a contenido exclusivo.

- Embudo de Ventas: Un proceso que guía a los seguidores desde el descubrimiento hasta la compra, dividido en etapas como conciencia, consideración y decisión.

- Influencer: Una persona con una audiencia significativa en las redes sociales que tiene la capacidad de influir en las opiniones y decisiones de sus seguidores.

- Monetización: Convertir tu presencia en redes sociales en fuentes de ingresos a través de estrategias como publicidad, ventas de productos, afiliados y más.